/100位

为新中国成立作出突出贡献的英雄模范人物/

鲁 迅

姜 辣 褚当阳/编著

黑龙江人民出版社 | 吉林文史出版社

图书在版编目（CIP）数据

鲁迅 / 姜辣、褚当阳编著. -- 长春 : 吉林文史出版社，
2011.4（2024.5重印）
（100位为新中国成立作出突出贡献的英雄模范人物）
ISBN 978-7-5472-0578-5

Ⅰ. ①鲁… Ⅱ. ①姜… ②褚… Ⅲ. ①鲁迅（1881～1936）－
生平事迹 Ⅳ. ①K825.6

中国版本图书馆CIP数据核字(2011)第051219号

鲁　迅

LUXUN

编著/ 姜辣 褚当阳
选题策划/ 王尔立　责任编辑/ 王尔立
装帧设计/ 韩璘
出版发行/ 吉林文史出版社
地址/ 长春市福祉大路5788号　邮编/ 130118
电话/ 0431-81629363　传真/ 0431-86037589
印刷/ 天津海德伟业印务有限公司
版次/ 2011年4月第1版 2024年5月第7次印刷
开本/ 640mm×920mm　1/16
印张/ 9　字数/ 100千
书号/ ISBN 978-7-5472-0578-5
定价/ 29.80元

《100位为新中国成立作出突出贡献的英雄模范人物》丛书

/100位

为新中国成立作出突出贡献的英雄模范人物/

八女投江　于化虎　小叶丹　马本斋　马立训　方志敏

毛泽民　毛泽覃　王尔琢　王尽美　王克勤　王若飞

邓　萍　邓中夏　邓恩铭　韦拔群　冯　平　卢德铭

叶　挺　叶成焕　左　权　诺尔曼·白求恩　任常伦

关向应　刘老庄连　刘伯坚　刘志丹　刘胡兰　吉鸿昌

向警予　寻淮洲　戎冠秀　朱　瑞　江上青　江竹筠

许继慎　阮啸仙　何叔衡　佟麟阁　吴运铎　吴焕先

张太雷　张自忠　张学良　张思德　旷继勋　李　白

李　林　李大钊　李公朴　李兆麟　李硕勋　杨　殷

杨子荣　杨开慧　杨虎城　杨靖宇　杨闇公　萧楚女

苏兆征　邹韬奋　陈延年　陈树湘　陈嘉庚　陈潭秋

冼星海　周文雍、陈铁军夫妇　周逸群　明德英　林祥谦

罗亦农　罗忠毅　罗炳辉　郑律成　恽代英　段德昌

贺　英　赵一曼　赵世炎　赵尚志　赵博生　赵登禹

闻一多　埃德加·斯诺　夏明翰　格里戈里·库里申科

狼牙山五壮士　聂　耳　郭俊卿　钱壮飞　黄公略

彭　湃　彭雪枫　董存瑞　董振堂　谢子长　鲁　迅

蔡和森　戴安澜　瞿秋白

前言

每个人的心中都多少有一点英雄情结，都向往英雄、景仰英雄。也正因此，在中华人民共和国建国六十周年之际，由中央十一部委联合组织开展的“100位为新中国成立作出突出贡献的英雄模范人物和100位新中国成立以来感动中国人物”的评选活动中，群众参与投票总数近一亿。这其中的每一张选票，都表达了人们对英雄模范的崇敬之情，寄托着对伟大祖国的美好祝福。

一个民族不能没有英雄，否则这个民族就不会强大。当国家危难之时，懦弱者选择了逃避、妥协甚至投降，英雄们却挺身而出，用热血捍卫民族的尊严，人民的幸福。在创立和建设新中国的伟大历程中，涌现出无数可歌可泣的英雄模范人物。他们之中，有为了民族独立和人民解放而英勇牺牲的革命先烈，有为了党和人民的事业而不懈奋斗的优秀共产党员，有在全民族抗战中顽强奋战、为国捐躯的爱国将士，有英勇杀敌的战斗英雄和革命群众，有积极从事进步活动的著名民主爱国人士和国际友人……他们是民族的脊梁、祖国的骄傲，是激励全体人民团结奋斗的精神力量。

《100位为新中国成立作出突出贡献的英雄模范人物传记》丛书，就像一部星光璀璨的英雄谱，真实、完整地记录了英雄模范人物不平凡的一生，再现了他们非凡的人格魅力和精神世界。“头颅可断腹可剖”的铁血将军杨靖宇，“毫不利己，专门利人”的白求恩，“抗战军人之魂”张自忠，“砍头不要紧”的夏明翰，“俯首甘为孺子牛”的文化斗士鲁迅……一串串闪光的名字，一个个动人的故事，犹如群星闪烁，光耀中华。

如今，战火已熄，硝烟已散，英雄已逝，我们沐浴在和平的幸福之中。在和平年代，人们不会忘记为今日的和平浴血奋战的英雄们，英雄的故事永远不会结束。让我们用英雄的故事唤醒我们心中的激情，为中华民族的伟大复兴而奋斗。

生平简介

鲁迅（1881–1936），男，汉族，原名周树人，浙江省绍兴人。文学家。

鲁迅早年就读于南京江南水师学堂、矿务铁路学堂。1902年赴日本留学学医，后放弃医学救国思想，为改变国民精神转而志向文学。1918 年 5 月，第一次以“鲁迅”为笔名发表白话小说《狂人日记》。参加《新青年》编辑工作，结识李大钊、陈独秀等人。1926 年参加北京三·一八反帝爱国运动，8 月被北洋军阀政府通缉离京，先后在厦门大学、广州中山大学任教。1927 年 10 月到上海，不顾国民党反动当局的迫害，从事革命文艺运动。1930 年参与发起成立中国左翼作家联盟，任常务委员，与瞿秋白一起领导左翼文艺运动。1933 年任中国民权保障同盟执行委员，与宋庆龄等一起为营救共产党人和爱国人士而斗争。他一生创作了大量小说、散文、杂文、诗歌等作品，如《呐喊》、《彷徨》、《故事新编》、《野草》、《朝花夕拾》等。他的作品被译成英、日、俄、西、法、德等五十多种文字。他以笔为武器战斗一生，被誉为“民族魂”、现代文学的旗帜，是中国现代文学的奠基人。毛泽东评价他是“中华文化革命的主将”。“横眉冷对千夫指，俯首甘为孺子牛”是他一生的写照。北京、上海、广州、厦门等地先后建立了鲁迅博物馆、鲁迅纪念馆等。

1881-1936

[LUXUN]

◀鲁 迅

目录 MULU

鲁迅先生抗争的是什么（代序）

鲁迅先生是伟大的，虽然曾几何时他的著作在某地被无限神化而在另地又被同时禁锢。毫无疑问，鲁迅的作品中充满了战斗精神。而真的斗士，并不在外表。他的外貌也并不是孔武有力型，据说身高才 1.61 米。脸庞削瘦，像大病初愈，头发根根直立，胡子像浓墨写的隶书的"一"字，一身灰青长衫，一双破旧的皮鞋，手里还老拿着烟卷。这份行头在当今看来也许是很有个性的，而在那个时代，往往被当做了大烟鬼。他真正的武器若说是他的如匕首、如投枪的笔，莫如说是他的精神——烟鬼的形象[1]，斗士的精神。也正如其自嘲："破帽遮颜过闹市，漏船载酒泛中流。"

那么，他究竟为何为谁而战呢？他抗争的又是什么？

鲁迅先生是为爱而战的！他曾说：

至于文人，则不但要以热烈的憎，向"异己"者进攻，还得以热烈的憎，向"死的说教者"抗战。在现在这"可怜"的时代，能杀才能生，能憎才能爱，能生与爱，才能文。（《且介亭杂文二集》）中七论"文人相轻"——两伤）

鲁迅先生是为大众而战！他曾说：

才明白了世界上也有许多和我们的劳苦大众同一支使的人，而有些作家正在为此而呼号，而战斗。（英译本《短篇小说选集》

[1] 据曹聚仁在《鲁迅评传》的"印象记"中的回忆：有一回，鲁迅碰到一个人，贸然问道："那种特货是哪儿买的？"他的脸庞很削瘦，看起来好似烟鬼，所以会有这样有趣的误会。

自序）

鲁迅先生抗争的是麻木的灵魂、虚伪的嘴脸和一切专制的统治。他在《论睁了眼看》中写道：

中国人的不敢正视各方面，用瞒和骗，造出奇妙的逃路来，而自以为正路。在这路上，就证明着国民的怯弱、懒惰而又巧滑。一天一天的满足着，即一天一天的堕落着，但却又觉得日见其光荣。

麻木、虚伪，就是鲁迅看到和要改造的国民的劣根性，由此才有了他笔下的阿Q，才有了他的"哀其不幸，怒其不争"的悲悯；专制的统治，就是鲁迅看到和要抗争到底的禁锢人性的吃人的礼教，由此才有了他笔下的狂人，才有了他的"救救孩子"的呐喊。

欲使麻木者有清醒的人生、虚伪辈能真实生活，就必须铲除专制，杀出一条血路，冲出三千年礼教的桎梏，这就是鲁迅先生一生的抗争，也是他的美满的梦。

由此他弃医而从文了："我便觉得医学并非一件紧要事，凡是愚弱的国民，即使体格如何健全，如何茁壮，也只能做毫无意义的示众的材料和看客，病死多少是不必以为不幸的。所以我们的第一要著，是在改变他们的精神，而善于改变精神的是，我那时以为当然要推文艺，于是想提倡文艺运动了。"

如匕首、如投枪的笔，能塑造出国民最理想的人性吗？

梦如果忘却了，倒也不为可惜。而"人生最苦痛的是梦醒了无路可走"。

我们不妨步入文化斗士鲁迅先生的心路历程，尝试圆梦抑或被惊醒。

故　　乡

（1881—1897）

一 从百草园到三味书屋

☆☆☆☆☆

（0–12岁）

我家的后面有一个很大的园，相传叫作百草园……但那时却是我的乐园……不必说碧绿的菜畦，光滑的石井栏，高大的皂荚树，紫红的桑椹；也不必说鸣蝉在树叶里长吟，肥胖的黄蜂伏在菜花上，轻捷的叫天子（云雀）忽然从草间直窜向云霄里去了。单是周围的短短的泥墙根一带，就有无限趣味。

在鲁迅如匕首的笔下，很难得一见如此惬意、充满童趣的描述了。由此可知，他的童年还是快乐的，起码是衣食无忧的。

1881年9月25日（清光绪七年辛巳八月初三），鲁迅出生在浙江省绍兴府会稽县（今绍兴市）东昌坊口新台门周家，取名树人，字豫才，小名樟寿。

会稽是古越国之都，春秋时期的越王勾践曾在此卧薪尝胆，后称霸诸侯，盛极一时。绍兴府地处江南，依山傍水。小桥，河汊，乌蓬船，既无大都市的喧哗，也并不像乡下的闭塞。历史上这里产生了不少著名人物，如王充、王羲之、陆游、徐渭、王思任等。鲁迅曾辑录《会稽郡故事杂集》，收集了这些先贤的故事。作为传统的叛逆者的鲁迅，其实是精于传统文化的。

新台门[1]的周家可以说是书香门第、名门望族了。自明万历年二三百年间，周家已经是“合有田万余亩、当铺十余所”了。虽“咸丰辛酉（1861年），粤逆犯绍，尽为贼有”[2]而使家道中落，但鲁迅所在一房的“家里还有四五十亩水田，并不愁生计”。

鲁迅的祖父周福清，字震生，号介孚。同治朝进士，钦点翰林院庶吉士，学习三年后，外放知县。最初是四川荣昌县，嫌远不去，改选江西金溪县。在任时和抚台闹了别扭，被参劾。后捐取内阁中书，是个正七品的官职。俸钱不多，虽说不用家里的钱，也没有一个钱寄回家。介孚公的仕途并不得意，脾气也就不怎么好，据鲁迅的弟弟周作人的回忆，他还经常骂人。但他出身翰林，在当地是很显赫的。

鲁迅的父亲周凤仪，字伯宜。中过秀才后，几次应乡试，都未中。他表面严肃，寡言笑，小孩子都不敢亲近他。而实际上并不很严苛，旧式大家族的长辈总要在小辈前做出些威严的样子的。有一次鲁迅正兴高采烈地准备与家人去看五猖会（迎神的赛会），父亲却要求他先背会20句《鉴略》[3]才可以去。鲁迅如遭晴空霹雳，虽然顺

[1] 台门，为士大夫阶级的住宅。

[2] 此为鲁迅祖父周福清的家训《恒训》中所谈到的家史，“粤逆犯绍”指太平军占领绍兴之事。

[3] 《鉴略》，清代王仕云著，是旧时学塾所用的一种初级历史读物，四言韵语，上起盘古，下迄明代弘光。

△ 鲁迅故居百草园

利地背下来了，而看赛会的兴致也大减了。

鲁迅的母亲鲁瑞，会稽乡东北安桥头人，也是读书人家的女儿。她的父亲中过举人，做过户部主事。鲁迅在自叙传略里说，他的“母亲姓鲁，乡下人。她以自修得到能够看书的学力”。鲁迅小时候常常跟随母亲到乡下外婆家去，这对他来说是件很高兴的事情。因为和他“一同玩的是许多小朋友，因为有了远客，他们也都从父母那里得了减少工作的许可，伴我来游戏。在小村里，一家的客，几乎也就是公共的”（《社戏》）。鲁迅和他们每天掘蚯蚓，掘来穿在铜丝做的小钩上，伏在河沿上去钓虾。不到半天便可以钓到一大碗，虾也照例是归鲁迅吃。

鲁迅是长子，其后有三个弟弟和一个妹妹。四弟椿寿 6 岁就夭折了，妹妹端姑不满周岁就染天花而夭亡了。鲁迅当时很伤心，他日后选择学医，或许这也是个因由。和鲁迅共同长大的，是二弟櫆寿（周作人）和三弟松寿（周建人）。

7 岁的时候，鲁迅上学了，给他启蒙的是远房的叔祖周兆蓝（号玉田）。周玉田“是一个胖胖的，

△ 鲁迅故居三味书屋

和蔼的老人，爱种一点花木，如珠兰、茉莉之类，还有极其少见的，据说从北边带回去的马缨花。是个寂寞者，因为无人可谈，就很爱和孩子们往来……”他家中有很多书，而鲁迅最喜欢读的是有很多图画的《花镜》。他很想自己有一本《花镜》，便拿出了所有积蓄的零用钱，花了200文才买到了这本图画书。当他听周玉田说曾经有过一本绘图的《山海经》时，便十分向往那书里的图画——那些长翅膀的人、人面的兽、三脚的鸟、九头的蛇……以后，他就拿着积蓄起来的压岁钱去买《山海经》，但一直没有买到。一次，长妈妈（鲁迅的保姆）探家回来，高兴地把一迭用粗纸包着的四本书递给鲁迅，说："哥儿，有画儿的'三哼经'，我给你买来了！"鲁迅喜出望外，马上翻开来看，越看越爱看。这以后，鲁迅竟改变了对长妈妈"并不怎么喜欢她"的看法。直至数十年后，鲁迅还深情地写道："这四本书，乃是我最初得到、最为心爱的宝书……书的模样，到现在还在眼前……"（《阿长与〈山海经〉》）

鲁迅在《随便翻翻》中写道：

我最初去读书的地方是私塾，第一本读的是《鉴略》，桌上除了这一本书和习字的描红格，对字（这是作诗的准备）的课本之外，不许有别的书。但后来竟也慢慢的认识字了，一认识字，对于书就发生了兴趣，家里原有两三箱破烂书，于是翻来翻去，大目的是找图画看，后来也看看文字。

儿时的鲁迅和当今的孩子一样，都喜欢图画书。现在的孩子更有动画片看，而晚年的鲁迅（在上海时期）也很时髦，经常去看电影。

鲁迅从小就喜欢画画，据周作人后来的回忆，有一次，鲁迅在堂前廊下影描一首诗中的画，描了一半，暂时他往，祖母看了好玩，就去画了几笔，却画坏了，鲁迅扯去另画，使祖母很是尴尬。

而一位长辈赠给鲁迅的一本图画书，却把他吓坏了。那本叫《二十四孝图》的书中，有个郭巨埋子的故事。说的是汉朝郭巨，家很穷，有个3岁的儿子，郭巨的母亲常把自己的吃的省下来给孙子。郭巨是大孝子，就对妻子说："家里贫穷不能供养老母，咱们的儿子又分老母亲的吃的，这怎么能行呢？把咱儿子埋了吧。"郭巨就开始挖坑，要埋儿子。挖了二尺深，挖到了一罐子黄金。还有个帖子写着："天赐郭巨，官不得取，民不得夺！"鲁迅后来在《二十四孝图》一文中写道：

我最初实在替这孩子捏一把汗，待到掘出黄金一釜，这才觉得轻松。然而我已经不但自己不敢再想做孝子，并且怕我父亲去做孝子了。家境正在坏下去，常听到父母愁柴米；祖母又老了，倘使我的父亲竟学了郭巨，那么，该埋的不正是我么？如果一丝不走样，也掘出一釜黄金来，那自然是如天之福，但是，那时我虽然年纪小，似乎也明白天下未必有这样的巧事。

鲁迅对吃人的封建礼教的痛恨，大概就是从这个时候被“吓出来的”。

不管怎样，童年的鲁迅还是幸运的，衣食无忧，还有保姆伺候着。这个在童年时读《二十四孝图》的小插曲，也就过去了。只不过“才知道‘孝’有如此之难，对于先前痴心妄想，想做孝子的计划，完全绝望了”。

12 岁那年，鲁迅被家里人送到三味书屋去读书。这是全城中最为严厉的书塾，塾师寿镜吾，是一个高而瘦的老人，须发都花白了，还戴着大眼镜。鲁迅对他很恭敬，因为鲁迅早听到，他是本城中极方正、质朴、博学的人。

三味书屋后面也有一个园，虽然小，鲁迅和他的同窗们也能寻到些乐趣。因为在那里也可以爬上花坛去折腊梅花，在地上或桂花树上寻蝉蜕。最好的工作是捉了苍蝇喂蚂蚁，静悄悄地没有声音。当然，人多了，时间久了，先生就会喊他们回来读书。当先生读书入神的时候，对大家来说是最快乐的时候。鲁迅就开始画画儿，用一种叫作“荆川纸”的，蒙在小说的绣像上一个个描下来，把《荡寇志》和《西游记》的绣像，描了一大本。后来，因为要钱用，鲁迅就把这本“描画大作”卖给一个有钱的同窗了。

与此时相对小康的周家相较，此时的大清王朝却正处在内忧外患的风雨飘摇之中。长期的闭关锁国，妄自尊大，终被洋枪洋炮武装的欧洲列强扣开了大门。自 1840 年的中英鸦片战争失败始，至 1857 年英法联军攻占广州、1860 年攻入北京、火烧圆明园，及

1850 年到 1864 年太平军的侵扰，再至 1894 年中日甲午战争的失利，中国这个最后的专制王朝已走向了末路。

而新台门的周家也正走向衰败。

从小康人家而坠入困顿

☆☆☆☆☆

（13–17 岁）

鲁迅 13 岁时，家里忽而遭了一场很大的变故，几乎什么也没有了。

壬辰年除夕（1893 年 2 月 16 日），鲁迅的曾祖母病逝。三月，祖父周福清从北京携眷归家丁忧。他在家里经常发脾气，闹得鸡犬不宁，这倒还在其次，到了秋天他出外去，却闯下了滔天大祸。那年乡试，浙江省的正主考是殷如璋，副主考是周锡恩。周福清与殷如璋是同一科取中的进士，有同年之谊。两位主考官赴浙经江苏苏州府境时，周福清跑往苏州去拜访，为几个亲戚朋友去通关节。将出钱人所开一万两银子的期票封在信里，交跟班送到主考的船上。那时副主考正在主考的船上谈天，主考便将来信搁下，不即拆看，打发送信的人先回去。那个跟班嚷了起来，说收了钱为什么不给回条，这就把事情戳穿了。主考官只好公事公办，扣了送信人，连书信一并就近发交苏州府看管。在清朝，科场舞弊是大案，按律当斩。周福清先是躲了起来，但清朝的法律可不

△ 鲁迅祖居

是一人犯法一人当的，要株连的。周福清知道躲不过去了，只好投案自首。最后光绪皇帝御批斩监候，秋后处决。周福清被关押在杭州府狱中，整日提心吊胆，害怕秋后被勾决。

从一个在当地很有名望的家族，一下子沦落为死囚的家属，对鲁迅和他的家人的打击是巨大的。由于这是一个“钦案”，轰动了一时。人情势利，亲戚本家的脸嘴都显现出来了。大人们怕小孩子在这纷乱的环境不合适，就打发鲁迅兄弟几个，到绍兴城外皇甫庄的外婆家避难。鲁迅在三味书屋的学习，也暂时中断了。周作人在《鲁迅的青年时代》里回忆说：

鲁迅被寄在大舅父怡堂处，我在小舅父寄湘那边……我因为年纪不够，不曾感觉着什么，鲁迅则不免很受到些激刺，据他后来说，曾在那里被人称作“讨饭”，即是说乞丐。但是他没有说明，大家也不曾追问这件不愉快的事情，查明这说话的究竟是谁。这个激刺的影响很不轻，后来又加上本家的轻蔑与欺侮，造成他的反抗的感情，与日后离家出外求学的事情也是很有关连的。

第二年（1894 年）清明前后，案子已经了结，不会再有株连了，大人们才把鲁迅兄弟几个接回了家，鲁迅继续在三味书屋读书。为了使狱中的祖父在秋后不被勾决，免不了要上下打点。虽然最终“周福清著免勾”，保住了性命，囚系了七年，家中的那点财产也渐渐都花光了。

然而，祸不单行，这时候父亲又病倒了，最初的病像是吐狂血，后来是全身水肿。身为长子、年仅 14 岁的鲁迅，不得不挑起了家庭的重担。鲁迅请的绍兴城中的第一位名医，他的“用药就与众不同”。鲁迅在《父亲的病》一文中回忆说：

我曾经和这名医周旋过两整年，因为他隔日一回，来诊我的父亲的病。那时虽然已经很有名，但还不至于阔得这样不耐烦；可是诊金却已经是一元四角。现在的都市上，诊金一次十元并不算奇，可是那时是一元四角已是巨款，很不容易张罗的了；又何况是隔日一次。他大概的确有些特别，据舆论说，用药就与众不同。我不知道药品，所觉得的，就是“药引”的难得，新方一换，就得忙一大场。先买药，再寻药引。“生姜”两片，竹叶十片去尖，他是不用的了。起码是芦根，须到河边去掘；一到经霜三年的甘蔗，便至少也得搜寻两三天。可是说也奇怪，大约后来总没有购求不到的。

这位名医如此的治了两年，得到了大笔高额诊费，鲁迅父亲的水肿病却愈加严重，严重得都快起不来床了，他就推荐了当地另一位名医来代替自己。这位名医的“用药也不同”，鲁迅在《父亲的病》里是这样记述的：

陈莲河的诊金也是一元四角。但前回的名医的脸是圆而胖的，他却长而胖了：这一点颇不同。还有用药也不同，前回的名医是一个人还可以办的，这一回却是一个人有些办不妥帖了，因为他一张药方上，总兼有一种特别的丸散和一种奇特的药引。

芦根和经霜三年的甘蔗，他就从来没有用过。最平常的是“蟋蟀一对”，旁注小字道：“要原配，即本在一窠中者。”似乎昆虫也要贞节，续弦或再醮，连做药资格也丧失了。但这差使在我并不为难，走进百草园，十对也容易得，将它们用线一缚，活活地掷入沸汤中完事。然而还有“平地木十株”呢，这可谁也不知道是什么东西了，问药店，问乡下人，问卖草药的，问老年人，问读书人，问木匠，都只是摇摇头，临末才记起了那远房的叔祖，爱种一点花木的老人，跑去一问，他果然知道，是生在山中树下的一种小树，能结红子如小珊瑚珠的，普通都称为“老弗大”。

“踏破铁鞋无觅处，得来全不费工夫。”药引寻到了，然而还有一种特别的丸药：败鼓皮丸。这“败鼓皮丸”就是用打破的旧鼓皮做成；水肿一名鼓胀，一用打破的鼓皮自然就可以克伏他……

如此的又诊治了四五个月后，这位名医说：“我这样用药还会不大见效，我想，可以请人看一看，可有什么冤愆……医能医病，不能医命，对不对？自然，这也许是前世的事……”

1896年10月12日（光绪二十二年丙申九月初六）深夜，父亲去世了，才36岁。庸医误人，鲁迅后来在日本立志要学习西医，就是因为鲁迅已渐渐地悟到中医不过是一种有意或无意的骗子，同时又很起了对于被骗的病人和他的家族的同情。

家道的败落，世人的白眼，亲戚的冷淡，少年的鲁迅不再有百草园中的快乐了。

我有四年多，曾经常常，——几乎是每天，出入于质铺和药店里，年纪可是忘却了，总之是药店的柜台正和我一样高，质铺的是比我高一倍，我从一倍高的柜台外送上衣服或首饰去，在侮蔑里接了钱，再到一样高的柜台上给我久病的父亲去买药。回家之后，又须忙别的事了，因为开方的医生是最有名的，以此所用的药引也奇特：冬天的芦根，经霜三年的甘蔗，蟋蟀要原对的，结子的平地木……多不是容易办到的东西。然而我的父亲终于日重一日的亡故了。

有谁从小康人家而坠入困顿的么，我以为在这途路中，大概可以看见世人的真面目。

成年后的鲁迅在《〈呐喊〉自序》里惨痛地写下了世人的真面目。

逃异地

（1898—1909春）

去寻求别样的人们

☆☆☆☆☆

（18–21 岁）

祖父还囚系在杭州府狱中，父亲又去世了，那四五十亩水田也变卖了，家中值钱的东西都进了当铺，换了根本不能治病的药。面对寡母和年幼的弟弟们，18 岁的鲁迅面临了人生的艰难选择。

1898 年 4 月，鲁迅离开了家乡，到南京进江南水师学堂学洋务。这个选择是被迫的。像周家这样的书香门第，子弟的正路应是读书应试，考取功名。即使是衰落了的读书人家子弟，常走的两条路是学做幕僚（即师爷）或商人，而且绍兴出来的师爷是很有名气的。那时候洋务运动刚刚开始，人们普遍认为只有走投无路的人才去洋学堂。当时还在狱中的祖父写信叫他们进杭州的求是学院，但是学费却无着落。而洋学堂不仅是公费的，还发赡银。鲁迅在《自叙略传》中也提到了自己去南京水师学堂求学的原因：

我渐至于连极少的学费也无法可想。我底母亲便给我筹办了一点旅费，教我去寻无需学费的学校去，因为我总不肯学做幕友或商人,——这是我乡衰落了的读书人家子弟所常走的两条路。其时我是十八岁，便旅行到南京，考入水师学堂了，分在机关科。

从来没出过远门的鲁迅，去南京求学，竟像在逃。他在《〈呐喊〉自序》中回忆说：

我要到N进K学堂[1]去了，仿佛是想走异路，逃异地，去寻求别样的人们。我的母亲没有法，办了八元的川资，说是由我的自便；然而伊哭了，这正是情理中的事，因为那时读书应试是正路，所谓学洋务，社会上便以为是一种走投无路的人，只得将灵魂卖给鬼子，要加倍的奚落而且排斥的，而况伊又看不见自己的儿子了。然而我也顾不得这些事，终于到N去进了K学堂了。

不像当今的学子，对异地的大学堂满怀憧憬。第一次离乡远行的鲁迅，却倍感旅程的孤苦。当时他写的一则《戛剑生杂记》，抒发了他的离愁别绪：

行人于斜日将堕之时，暝色逼人，四顾满目非故乡之人，细聆满耳皆异乡之语，一念及家乡万里，老亲弱弟必时时相语，谓今当至某处矣，此时真觉柔肠欲断，涕不可仰。故予有句云：日暮客愁集，烟深人语喧。皆所身历，非托诸空言也。

[1] N指南京，K学堂即南京水师学堂。

鲁迅到南京求学，还有个原因，他的一个远房叔祖父周庆蕃（字椒生），在江南水师学堂教汉语并兼任管轮堂监督。他还给鲁迅改了个名字，叫周树人。改名的原因是当时的人们很看不起水陆师的学生，认为同当兵差不多，读书人不值得用真名。

水师学堂所开设的课程并不复杂，一星期中，几乎四整天是英文，一整天是汉文。鲁迅对这里的学习情况很不满意，所以，当江南陆师学堂于九月份附设矿路学堂并招收新生时，鲁迅就去投考了，且被录取了。矿路学堂除开设外文和汉文外，令鲁迅感到新鲜的是有格致、地学、金石学等自然科学

△ 鲁迅就读的原矿路学堂礼堂

课程。功课以开矿为主，造铁路为辅，学期为三年。前半期差不多是补习相当于现在的中学课程，包括算术、代数、几何、三角、物理、化学等基础知识。而鲁迅最感兴趣和获益最多的是地学（地质学），使他获得了有关古生物学的知识。因为那时鲁迅很喜欢严复翻译的《天演论》，这些知识对于他了解进化论很有帮助。学堂还设有阅报处，有《时务报》、《译书汇编》等，这些新知识，鲁迅都非常喜欢。鲁迅在《朝花夕拾·琐记》一文中回忆道："一有闲空，就照例地吃侉饼，花生米，辣椒，看《天演论》。"

鲁迅在南京的这一年，正是清末维新运动的高潮时期。中日甲午战争，号称亚洲第一的北洋水师战败，朝野震动，要求变革的呼声越来越强烈。以康有为为代表的维新派，提出了"以日本明治之政为政法"的变革主张，并得到了光绪皇帝的支持。6月11日，光绪皇帝下诏定国是，"百日维新"开始。然而维新派的主张损害了保守派的利益，9月21日，慈禧太后发动政变，幽禁了光绪皇帝。谭嗣同、杨深秀等六君子被杀，康有为、梁启超亡命海外，"百日维新"到此终止。

戊戌变法虽然失败了，但作为一次大规模的思想启蒙运动，并没有终止。许多有识之士，像严复，翻译介绍了许多欧洲近代的政治学、社会学、经济学、法学和哲学思想，对几千年的中国专制体制进行了有力的批判。鲁迅通过大量地阅读这些译著，促成了他反专制思想的形成。鲁迅在《朝花夕拾·琐记》中曾写道：

看新书的风气便流行起来，我也知道了中国有一部书叫《天演论》。星期日跑到城南去买了来，白纸石印的一厚本，价五百文正。翻开一看，是写得很好的字，开首便道——

“赫胥黎独处一室之中，在英伦之南，背山而面野，槛外诸境，历历如在机下。乃悬想二千年前，当罗马大将恺撒未到时，此间有何景物？计惟有天造草昧……”

哦，原来世界上竟还有一个赫胥黎坐在书房里那么想，而且想得那么新鲜？一口气读下去，“物竞”“天择”也出来了，苏格拉底、柏拉图也出来了，斯多葛也出来了。

矿路学堂是由当时的两江总督刘坤一决定创办的，原因是听到青龙山的煤矿出息好，但后来就连煤在哪里也不甚了然了。所以掘煤已无利可图，矿路学堂也曾经要裁撤。虽然最终没被停办，但也只办了这一届。鲁迅也曾经下过矿，“情形实在颇凄凉，抽水机当然还在转动，矿洞里积水却有半尺深，上面也点滴而下，几个矿工便在这里面鬼一般工作着”（《朝花夕拾·琐记》）。

1902年1月27日，江南陆师学堂附设的矿路学堂的唯一的一届学生毕业了，鲁迅以优异成绩毕业，得到了由两江总督刘坤一签署的执照，上面写着“右照给壹等学生周树人收执”。同时，他也获得了官费出国留学的资格。然而，鲁迅对自己在这里三年的所学并不满意，他在《朝花夕拾·琐记》中回忆毕业时的情景写道：

毕业，自然大家都盼望的，但一到毕业，却又有些爽然若失。爬了几次桅，不消说不配做半个水兵；听了几年讲，下了几回矿洞，就能掘出金、银、铜、铁、锡来么？实在连自己也茫无把握，没有做《工欲善其事必先利其器论》[1] 的那么容易。爬上天空二十丈和钻下地面二十丈，结果还是一无所能，学问是“上穷碧落下黄泉，两处茫茫皆不见”了。所余的还只有一条路：到外国去。

其实，并不像鲁迅自谦的那样“一无所能”，这三年中，鲁迅呼吸了“洋务”的维新空气，了解了苏格拉底、柏拉图等古希腊哲学，接受了赫胥黎、斯宾塞、孟德斯鸠等的进化思想。

在19世纪末20世纪初，清政府又派出大批留学生的原因，鲁迅在《且介亭杂文末编·因太炎先生而想起的二三件事》一文中说：

清光绪中，曾有康有为者变过法，不成，作为反动，是义和团[2]起事，而八国联军遂入京，这年代很容易记，是恰在一千九百年，十九世纪的结末。于是满清官民，又要维新了，维新有老谱，照例是派官出洋去考察，和派学生出洋去留学。

[1] 鲁迅在路矿学堂时，汉文课所要求做的文章题目。

[2] 义和团为清末我国北方农民、手工业者等武装反对帝国主义的群众组织。但他们采取落后迷信的组织方式和斗争方法，提出“扶清灭洋”口号，盲目排外。1900年英、美、德、法、俄、日、意、奥八个帝国主义国家为镇压义和团运动，联合出兵进攻中国，于8月14日占领北京。次年清政府和八个帝国主义国家签订了丧权辱国的《辛丑条约》。

鲁迅回到了绍兴，向母亲辞行，做赴日留学的准备，渴望着寻求新的知识，拯救国家的危亡。

 斯巴达之魂

☆☆☆☆☆

（22–23 岁）

1902 年 3 月 24 日，鲁迅等一批官派留学生，从南京启程，经由上海去日本。于 4 月 4 日抵达日本横滨，随即转赴东京，鲁迅进入弘文学院补习日语和各科基础知识。关于在这里的学习情况，鲁迅在《在现代中国的孔夫子》一文中回忆说：

入学的地方，是嘉纳先生所设立的东京的弘文学院；在这里，三泽力太郎先生教我水是养气和轻气所合成，山内繁雄先生教我贝壳里的什么地方其名为“外套”。这是有一天的事情。学监大久保先生集合起大家来，说：因为你们都是孔子之徒，今天到御茶之水的孔庙里去行

礼罢！我大吃了一惊。现在还记得那时心里想，正因为绝望于孔夫子和他的之徒，所以到日本来的，然而又是拜么？一时觉得很奇怪。而且发生这样感觉的，我想决不止我一个人。

而“凡留学生一到日本，急于寻求的大抵是新知识”，这里也要拜孔子，令厌恶了旧学的鲁迅多少有些失望。其实孔子的思想是伟大的，只是专制的统治者拿他做了工具，很是冤枉。

此时的日本，自1868年明治维新后，开始了现代化的进程，迅速发展成为亚洲强国，独霸东亚的野心也日渐膨胀。日本的开放、进取精神与顽固、腐朽的清王朝形成了鲜明的对比。因距中国很近，不仅来日本留学的中国学生日益增多，这里也成为了维新人士和革命者的流亡寓所。在鲁迅到东京的半个月后，章太炎等人就发起了“支那亡国二百四十二年纪念会”[1]，孙中山先生也参加了这次活动。维新人士梁启超，此时也流寓日本。继创办《新民丛报》后，梁启超又创办了《新小说报》，连载了吴趼人的《二十年目睹之怪现状》，介绍了法国作家儒勒·凡尔纳的科幻小说。鲁迅很喜欢此刊物，对科幻小说更感兴趣，并亲自翻译了儒勒·凡尔纳《月界旅行记》，于1903年10月在东京进化社出版，这也是鲁迅翻译域外小说的开始。

鲁迅到日本的第二年，终于剪掉了那条“中国人的宝贝和冤家”的辫子。鲁迅的好友许寿裳（鲁迅同乡，1902年秋入弘文学院），

---

[1] 甲申年（1644）的4月26日（夏历三月十九日），是明朝崇祯皇帝自杀的日子，因此在这一天举行纪念活动。又因为南明桂王（永历）是1661年被清军俘虏的，所以为242年。

在《亡友鲁迅印象记》中描述了当时的情景：

他在江南班，共有十余人，也正在预备日语，比我早到半年。我这一班也有十余人，名为浙江班，两班的自修室和寝室虽均是毗邻，当初却极少往来。我们二人怎样初次相见，谈些什么，已经记不清了。大约隔了半年之后吧，鲁迅的剪辫，是我对他的印象中要算最初的而且至今还历历如在目前的。

留学生初到，大抵留着辫子，把它散盘在囟门上，以便戴帽……我不耐烦盘发……就在到东京的

◁ 鲁迅在东京弘文学院毕业照（1904年4月）

头一天，把烦恼丝剪掉了。那时江南班还没有一个人剪辫子的。原因之一，或许是监督——官费生每省有监督一人，名为率领学生出国，其实在东京毫无事情，连言语也不通，习俗也不晓，真是官样文章——不允许吧。可笑的是江南班监督姚某，因为和一位钱姓的女子有奸私，被邹容等五个人闯入寓中，先批他的嘴巴，后用快剪刀截去他的辫子，挂在留学生会馆里示众，我也兴奋地跑去看过的。姚某便只得狼狈地偷偷地回国去了。鲁迅剪辫是江南班中的第一个，大约还在姚某偷偷回国之先。这天，他剪去之后，来到我的自修室，脸上微微现着喜悦的表情。我说："阿，壁垒一新！"他便用手摩一下自己的头顶，相对一笑。此情此景，历久如新。

可以看出来，剪掉了辫子的鲁迅，感觉到了焕然一新的轻松。然而，对这条"宝贝冤家"辫子，鲁迅是受尽痛苦，更是深恶痛绝之。他曾说："对我最初提醒了满汉的界限的不是书，是辫子。这辫子，是砍了我们古人的许多头，这才种定了的，到得我有知识的时候，大家早忘却了血史，反以为全留乃是长毛，全剃好像和尚，必须剃一点，留一点，才可以算是一个正经人了。而且还要从辫子上玩出花样来……"（《且介亭杂文·病后杂谈之余》）

在弘文学院学习之余，鲁迅喜欢看哲学和文学的书。他经常与好友许寿裳讨论三个大问题：

一、怎样才是最理想的人性？

二、中国国民性中最缺乏的是什么？

三、它的病根何在？

时值八国联军入侵北京，清廷与各国签定了丧权辱国的辛丑条约后，各国都应撤军。而俄国仍霸占着东三省，意欲取之归入俄国版图，因而在中国知识界引起了强烈反应。在东京的中国留学生成立了抗俄义勇队，日日操练。在日本的浙江同乡会主办的杂志《浙江潮》第四期刊载的《留学界纪事·拒俄事件》一文披露了这一事件。义勇队在致北洋大臣函中有这样的话：

昔波斯王择耳士以十万之众，图吞希腊，而留尼达士亲率丁壮数百扼险拒守，突阵死战，全军歼焉，至今德摩比勒之役，荣名震于列国，泰西三尺之童无不知之。夫以区区半岛之希腊，犹有义不辱国之士，可以吾数百万万里之帝国而无之乎！

当时刚刚接编了《浙江潮》的许寿裳向鲁迅约稿，仅隔一天，鲁迅就将《斯巴达之魂》一文写就，刊载在了《浙江潮》的第五期上。这篇文章，借用斯巴达的故事，来鼓励我们民族的尚武精神。文中叙述了将士死战的勇敢，少妇斥责生还者的严厉。该文的发表，代表了鲁迅文学创作活动的开始。后来他谈到这篇时说：

现在看起来，自己也不免耳朵发热。但这是当时的风气，要激昂慷慨，顿挫抑扬，才能被称为好文章。……我惭愧我的少年之作，却并不后悔，甚而至于还有些爱，这真好像是‘乳犊不怕虎’，乱攻一通，虽然无谋，但自有天真存在。(《集外集·序言》)

鲁迅在《浙江潮》上还发表了《说钼》和《中国地质略论》两篇介绍科学知识的文章。第一篇介绍了居里夫妇发现的新元素镭的事迹，甚至主张用“钼”字作为该新元素的中文译名。后一篇介绍了地质常识和中国各省煤矿分布情况，对外国人到中国来调查地质矿产且要求开采权，倍感忧虑，号召国人“结合大众起而兴业”，发展自己的采矿业。

由此可以看出，鲁迅最初是想用科学精神来唤醒国民的普遍愚昧性。他后来在《新青年》上发表的一篇文章的开头中写道：

现在有一班好讲鬼话的人，最恨科学，因为科学能教道理明白，能教人思路清楚，不许鬼混，所以自然而然的成了讲鬼话的人的对头。（《热风·随感录三十三》）

西医救国之梦

☆☆☆☆☆

（24-26岁）

1904年4月30日，欲寻求科学精神救国的鲁迅，在弘文学院毕业后，选择了学习西医。是年9月，他进了仙台医学专门学校，成为那里唯一的一名中国留学生。

鲁迅学过矿学，为什么会选择学习医学呢？鲁迅在《〈呐喊〉自序》中回忆说：

我还记得先前的医生的议论和方药，和现在所知道的比较起来，便渐渐的悟得中医不过是一种有意的或无意的骗子，同时又很起了对于被骗的病人和他的家族的同情；而且从译出的历史上，又知道了日本维新是大半发端于西方医学的事实。

因为这些幼稚的知识，后来便使我的学籍列在日本一个乡间的医学专门学校里了。我的梦很美满，预备卒业回来，救治像我父亲似的被误的病人的疾苦，战争时候便去当军医，一面又促进了国人对于维新的信仰。

许寿裳总结鲁迅学医的动机时说："鲁迅学医的动机，有好几个：据他自己说，第一，恨那中医耽误他父亲的病；第二，确知日本维新是大半发端于西方医学的事实。但是据我所知，还有第三个，他要救济中国女子的小脚，又据孙伏园（鲁迅的学生——笔者注）说，还有第四个，由于少年时代牙痛的难受。"

无论多少种动机，"战争时候便去当军医，一面又促进了国人对于维新的信仰"，24 岁的青年鲁迅是抱着西医救国的梦想，从东京来到了仙台。他在寄给许寿裳的照片上题的一首诗中，更加真切地表达了他的忧国之情：

灵台无计逃神矢，风雨如磐黯故园。

寄意寒星荃不察，我以我血荐轩辕。

漂泊海外的游子，心中对风雨飘摇中的祖国无限牵挂。而同胞的不觉醒，又令人顿生凉意，不胜寂寞，唯用毕生的心血来唤醒之。最末一句，也正是鲁迅毕生实践的格言。

仙台是一个市镇，并不大，冬天冷得厉害，还没有中国的学生。大概是物以希为贵吧，校方不仅不收鲁迅的学费，还有几个职员颇为鲁迅的食宿操心。校中的功课很忙，开设有物理、化学、解剖、组织等课程。虽令鲁迅应接不暇，好在教师的讲授都能领会，鲁迅自认能够卒业。在这些老师中，令鲁迅终生难忘的是教授解剖学的藤野严九郎先生。

藤野先生授课一周后，就叫助手找了鲁迅去，询问能否抄下他的讲义。随后要了鲁迅的讲义，并说此后每一星期要送给他看一回。两三天还了讲义后，令鲁迅感到不安和感激的是，他把鲁迅抄的讲义从头到末，都用红笔添改过了，不但增加了许多脱漏的地方，连文法的错误，也都一一订正。这样一直继续到教完了他所担任的功课：骨学、血管学、神经学。

鲁迅也没有辜负老师的期望，在一百余人的同学中，成绩位列中等。

解剖实习课开始了，大概一星期后，他又叫了鲁迅去了很高兴地用极有抑扬的声调对鲁迅说："因为听说中国人是很敬重鬼的，所以很担心，怕你不肯解剖尸体，现在总算放心了，没有这回事。"

但他也偶有使鲁迅很为难的时候。他听说中国的女人是裹脚的，但不知道详细，所以要问鲁迅怎么裹法，足骨变成怎样的畸形，还叹息道："总要看一看才知道，究竟是怎么一回事呢！"

藤野先生对鲁迅的关注，引来了某些日本同学的嫉妒。他们检查鲁迅的讲义并写匿名信。还散布流言，说鲁迅能够及格，是因为藤野先生漏了题给他。虽然后来在藤野先生和几位为鲁迅感到不平的同学的干预下，消灭了这流言，还是令鲁迅觉得悲哀：

中国是弱国，所以中国人当然是低能儿，分数在六十分以上，便不是自己的能力了：也无怪他们疑惑。（《朝花夕拾·藤野先生》）

而最终使鲁迅放弃了医学救国之梦的，是一次和同学们共同观看有关日俄战争的时事电影。鲁迅在《〈呐喊〉自序》中回忆了这一痛苦的经历：

我已不知道教授微生物学的方法，现在又有了怎样的进步了，总之那时是用了电影，来显示微生物的形状的，因此有时讲义的一段落已完，而时间还没有到，教师便映些风景或时事的画片给学生看，以用去这多余的光阴。其时正当日俄战争的时候，关于战事的画片自然也就比较的多了，我在这一个讲堂中，便须常常随喜我那同学们的拍手和喝彩。有一回，我竟在画片上忽然会见我久违的许多中国人了，一个绑在中间，许多站在左右，一样是强壮的体格，而显出麻木的神情。据解说，则绑着的是替俄国做了军事上的侦探，正要被日军砍下头颅来示众，而围着的便是来赏鉴这示众的盛举的人们。

这一学年没有完毕，我已经到了东京了，因为从那一回以后，我便觉得医学并非一件紧要事，凡是愚弱的国民，即使体格如何健全，如何茁壮，也只能做毫无意义的示众的材料和看客，病死多少是不必以为不幸的。所以我们的第一要著，是在改变他们的精神，而善于改变精神的是，我那时以为当然要推文艺，于是想提倡文艺运动了。

1906 年 3 月 15 日，仙台医学专门学校同意了鲁迅退学，离开前，鲁迅向藤野先生辞行：

到第二学年的终结，我便去寻藤野先生，告诉他我将不学医学，并且离开这仙台。他的脸色仿佛有些悲哀，似乎想说话，但竟没有说。

“我想去学生物学，先生教给我的学问，也还有用的。”其实我并没有决意要学生物学，因为看得他有些凄然，便说了一个慰安他的谎话。

“为医学而教的解剖学之类，怕于生物学也没有什么大帮助。”他叹息说。

将走的前几天，他叫我到他家里去，交给我一张照相，后面写着两个字道：“惜别”，还说希望将

△ 藤野先生送给鲁迅的照片

我的也送他。但我这时适值没有照相了；他便叮嘱我将来照了寄给他，并且时时通信告诉他此后的状况。(《朝花夕拾·藤野先生》)

在鲁迅眼里，藤野先生是伟大的。他给了鲁迅极大的鼓励，希望中国有新的医学，希望新的医学传到中国去。

再高明的医学，也救治不了当时麻木愚弱的国民。欲使麻木者清醒，第一要务是唤醒。如何唤醒？鲁迅选择了文艺救国之路。

文艺唤醒之志

☆☆☆☆☆

（27–29 岁）

鲁迅回到了东京，不久（1906 年夏）在母亲的多次催促下回国，与比自己大三岁的新娘朱安（鲁迅的开蒙老师远房叔祖周玉田的内侄孙女）结婚。这是一个包办的不幸的婚姻，鲁迅只能接受母亲送给他的这件礼物，好好地供养她，爱情却是鲁迅所不知道的。

此时，鲁迅的二弟周作人在江南水师学堂毕业了,并通过了留学日本的考试。婚事办过后，两兄弟就一同前往日本。到了东京，先是住在了鲁迅原先的寓所伏见馆，后移居本乡东竹町中越馆。

鲁迅决定不再进学校了，只是一心学习外国文。有一个时期曾往“独逸语学协会”所设立的德文学校去听讲，可是平常多是自修。

◁ 鲁迅原配夫人朱安

1907年夏天，还从玛利亚·孔特夫人（俄国逃亡妇女）学习了半年俄语。那时候，鲁迅“也不是自己想创作，注重的倒是在绍介，在翻译”。

为了要从文艺运动来救中国，鲁迅的第一步运动是办杂志。那时日本的留学生，办了许多杂志，但是没有一种是讲文学的，所以鲁迅决心想要创办，名字定为《新生》（也许和但丁的《新生》有点关系）。周作人在《关于鲁迅之二》详细地说明了这一过程：

其时留学界的空气是偏重实用，什九学法政，其次是理工，对于文学都很轻视，《新生》的消息传出去时大家颇以为奇，有人开玩笑说，这不会是学台所取的进学新生（即新考取的秀才）么。又有客——仿佛记得是胡仁源——对豫才说，你弄文学做甚，这有什么用处？答云，学文科的人知道学理工也有用处，这便是好处。客乃默然。看这种情形，《新生》的不能办得好原是当然的。《新生》的撰稿人共有几个，我不大记得，确实的人数里有一个许季茀（寿裳），听说还有袁文薮，但他往英国去后就没有消息了。结果这杂志没有能办成，我曾根据安特路朗的几种书写了半篇《日月星之神话》，稿今已散失，《新生》的原稿纸却还有好些存在。

鲁迅自己在《〈呐喊〉自序》中也有类似的回忆：

在东京的留学生很有学法政理化以至警察工业的，但没有人治文学和美术；可是在冷淡的空气中，也幸而寻到几个同志了，此外又邀集了必须的几个人，商量之后，第一步当然是出杂志，名目是取“新的生命”的意思，因为我们那时大抵带些复古的倾向，所以只谓之《新生》。

《新生》的出版之期接近了，但最先就隐去了若干担当文字的人，接着又逃走了资本，结果只剩下不名一钱的三个人。创始时候既已背时，失败时候当然无可告语，而其后却连这三个人也都为各自的运命所驱策，不能在一处纵谈将来的好梦了。这就是我们的并未产生的《新生》的结局。

鲁迅发刊杂志的梦想就这样搁浅了，最大的原因是经费，没了经费，担当文字的人必然“先就隐去了”。那时一般官费留学生一年只能领到400元，而印一期杂志的费用一般在百元以上。而鲁迅却并不怎么失望，还是悠然地做他准备的工作，逛书店，收集书报，在公寓里灯下阅读。

《新生》的计划虽然流产了，鲁迅在《河南》杂志上得到了发表文章的机会。《河南》杂志为月刊，由留日的河南学生于1907年（清光绪三十三年）12月创办于东京，程克、孙竹丹等人主编。

在《河南》月刊第一号上，鲁迅发表了《人间之历史》（署名令飞），是我国最早介绍达尔文进化学说的文献之一。随后，在该月刊的第二号、第三号上，连载了鲁迅的文学论文《摩罗诗力说》（署名令飞），白话的意思是“恶魔派诗人的精神”。文章介绍了欧洲具有反抗精神和革命精神的浪漫主义诗人的生平和重要作品，同时也阐述了鲁迅自己对文学的一些见解。鲁迅认为“力足以振人，且语之较有深趣者，实莫如摩罗诗派”，他所介绍的诗人都是“举一切诗人中，凡立意在反抗，指归在动作，而为世所不甚愉悦者悉入之”。他更期望中国能出现唤醒民众精神的战士：“今索诸中国，为精神界之战士者安在？有作至诚之声，致吾人于善美刚健者乎？有作温煦之声，援吾人出于荒寒者乎？”

在《河南》月刊第五号上，鲁迅发表了《科学史教篇》（署名令飞），概要地介绍了欧洲科学发展的历史，肯定了科学进步在改造自然和推动社会发展方面所起的伟大作用。在《河南》月刊第七号上，鲁迅发表了论文《文化偏至论》（署名迅行），指出西方的物质繁荣其实只是其社会的表象，而其深层的根基则在人，具体地说，在于人的素质。中国要走向富强，其根本途径就在于提高国民素质，即“立人”，而“立人”的重要方面是尊重人的个性和独立精神。即“其首在立人，人立而后凡事举”。

正当鲁迅为《河南》月刊积极撰稿之时，清廷驻日公使以“言论过于激烈”为词，要求日本当局查禁了《河南》月刊。

鲁迅文艺救国的第二步是译书，“尤其注重于短篇，特别是被压迫的民族中的作者的作品”。也正“因为所求的作品是叫喊和反抗，势必至于倾向了东欧，因此所看的俄国、波兰以及巴尔干诸小国作家的东西就特别多”(《南腔北调集·我怎么做起小说来》)。

出版翻译小说集和发刊杂志一样，同样需要资金。鲁迅在好友蒋抑卮(杭州银行家)资助垫付印刷费后，于1909年2月和6月分别出版了《域外小说集》第一册和第二册，共收英法美各一人一篇，俄四人七篇，波兰一人三篇，波思尼亚一人两篇，芬兰一人一篇，两册共收入小说十六篇。鲁迅译了四篇，其余十三篇为周作人译的。

鲁迅最初的设想是，用筹来的资本先印两册，待收回了成本再印第三第四册，以至第 × 册。“如此继续下去，积少成多，也可以约略绍介了各国名家的著作了。”然而出版半年后,第一册印了1000册,卖了21本；第二册印了500册，卖了20本。成本都无法收回，也就无法再继续了。

在1908—1909年间，鲁迅和弟弟周作人随着许寿裳搬到了西片町的伍舍(当时五人同住,故名)。此时，正在主办《民报》的章太炎，经常给青年学生讲学，鲁迅也同章太炎学习了几个月的《说文解字》。鲁迅从章氏问学的动机，主要是因为向往他的革命人格。

还在立教大学上学的周作人，将要和羽太信子结婚了，费用成了很大问题。为了能在经济上帮助他们，鲁迅决定回国做事。好友许寿裳已于1909年4月回国，担任了浙江两级师范学堂教务长，鲁迅就托他帮自己谋一个职。许向其时新任监督的沈钧儒推荐成功，鲁迅便在是年8月回到了祖国。

呐喊与彷徨

（1909夏—1927夏）

归国教书

☆☆☆☆☆

（29–31 岁）

七年的日本留学生活结束了，1909 年 8 月，鲁迅回国，任浙江两级师范学堂生理学和化学教员。

那时两级师范学堂的许多功课都聘用日本人任教，鲁迅担任生物学方面的翻译职务，翻译讲义和课堂上的现场翻译。翻译的职务虽然辛苦且难以表现自己，鲁迅却很受学生尊敬，他所翻译的讲义，就很被人称赞。鲁迅教书更是循循善诱，所编讲义，简明扼要，深得学生信服。

时任监督（相当于校长之职）的沈钧儒，被选为咨议局副议长，继任者是一位以道学自命的夏震武，被教师们名之曰“夏木瓜”。夏

△ 1909年“木瓜之役”胜利后与浙江两级师范教员合影

监督到校后，要求教师在礼堂穿礼服“参见”，引起了教师的愤怒，纷纷辞职，搬出了学校，鲁迅也是其中之一。直到夏监督辞职离开，教师们才回校复课。这次教员联合抵制假道学校长的行动，被教师们戏称为“木瓜之役”。因鲁迅对校长蔑视教师的行为的冷嘲热讽，被教员们称为“拼命三郎”。

1910 年 9 月，鲁迅回到了家乡。应绍兴中学堂校长的聘请，去教生物学并兼任监学。鲁迅教学很严谨,对学生要求很严,办事认真,学生都很怕他。学生中如胡愈之、孙伏园、宋紫佩，后来都成为了教育文化界的精英。

1911年10月10日，武昌起义，辛亥革命爆发。各省纷纷响应，宣布独立。不久，绍兴府也宣告光复，鲁迅也十分兴奋。然而城中人心浮动，“许多男女，纷纷乱逃；城里的逃到乡下，乡下的逃进城里”（《热风·“来了”》）。为了安抚人心，鲁迅召集全校学生，整队出发，在市面上游行了一通。结果大家以为革命军已经来了，人心立刻安定下来。后来，王金发（光复会首领之一，与鲁迅很熟）从杭州带队来到绍兴，成立了军政府。王都督任命鲁迅为绍兴初级师范学校校长，鲁迅在日本留学时的朋友范爱农为监学，还拨给了鲁迅200元校款。然而，军政府所代表的革命集团，很快变成了新官僚和旧官僚沆瀣一气的集团，王金发成了都督，军政大权独揽。鲁迅在《朝花夕拾·范爱农》一文中回忆了当时的情景：

到冬初，我们的景况更拮据了，然而还喝酒，讲笑话。忽然是武昌起义，接着是绍兴光复。第二天爱农就上城来，戴着农夫常用的毡帽，那笑容是从来没有见过的。“老迅，我们今天不喝酒了。我要去看看光复的绍兴。我们同去。”我们便到街上去走了一通，满眼是白旗。然而貌虽如此，内骨子是依旧的，因为还是几个旧乡绅所组织的军政府，什么铁路股东是行政司长，钱店掌柜是军械司长……。这军政府也到底不长久，几个少年一嚷，王金发带兵从杭州进来了，但即使不嚷或者也会来。他进来以后，也就被许多闲汉和新进的革命党所包围，大做王都督。在衙门里的人物，穿布衣来的，不上十天也大概换上皮袍子了，天气还并不冷。

那时，有几个青年学生创办了《越铎日报》，意在对军政府做舆论监督，还请了鲁迅等人为发起人。这些年轻人登了不少骂军政府、骂王都督及骂王都督的亲戚、同乡、姨太太等的文章。王都督派人给报馆送了500元钱，报馆当股金收了后，还依然骂。这下惹恼了王都督，说他们榨取了自己的钱，声言要派人用手枪来打死他们。

鲁迅当时很诧异，觉得自己领的是校款，怎么能是榨取呢？后来从范爱农那里得到消息，才知道所谓的榨取并不是校款，而是王都督送给报馆的钱。这令鲁迅很为难，于是就辞去了校长的职务，把账目和余款一角又两铜元交给了军政府派来的接收员。

鲁迅辞职后，曾经有意到上海去当编辑。这年冬天，鲁迅用文言文创作了他的第一篇小说《怀旧》（于1913年刊在《小说月报》四卷一期上），描写了一个叫冬烘的先生在辛亥革命的风暴中张皇失措的情形，讽刺了当时的革命的不彻底以及所谓的绅士群的奸诈，很类似于后来的《阿Q正传》。

1912年1月1日，中华民国临时政府在南京成立，孙中山为临时大总统，任命蔡元培为教育总长。蔡元培邀鲁迅到南京任教育部部员，许寿裳也写信来催。范爱农也很赞成，但颇凄凉，说："这里又是那样，住不得。你快去罢……"

鲁迅并不是革命党人，辛亥革命起初令他很兴奋，随后就对之颇感怀疑了。鲁迅自己也曾经说过：见过辛亥革命，见过二次革命，见过袁世凯称帝，见过张勋复辟，看来看去，就看得怀疑起来，于是失望颓唐得很。

鲁迅再一次离开了故乡绍兴，只身到南京就职。

驱除寂寞

☆☆☆☆☆

（32–37 岁）

鲁迅来到南京，任教育部部员，成为了新国家政府的一位官员。起初，对于南京的临时政府，鲁迅寄予了很高的期望：

说起民元（民国元年，即 1912 年）的事来，那时确实光明得多，当时我也在南京教育部，觉得中国将来很有希望。自然，那时恶劣分子固然也有的，然而他总失败（《两地书》）。

而那点希望很快就变成了失望，又因失望而绝望而寂寞，继而又不得不沉默了。

1912 年 2 月，孙中山依照承诺辞去了临时大总统，由袁世凯继任。袁拒绝在南京就职，在北京组织政府。4 月，南京临时政府迁往北京。鲁迅和许寿裳一同北上，于 5 月 5 日到达北京，住进了宣武门外南半截胡同绍兴会馆的腾花馆。时任教育总长的蔡元培先生很重视美育，竭力提倡“以美育代宗教”的主张，而当时能够体会的人很少。蔡先生知道鲁迅研究美学和美育，富有心得，所以请鲁迅担任社会教育司第一科科长，主管图书馆、博物馆、美术馆等工作。鲁迅也因此在暑期教育部的演讲会上，一连几个星期演讲《美术略论》。他的演讲“深入浅出，要言不烦，恰倒好处”（许寿裳《亡友鲁迅印象记》）。

8 月，鲁迅又兼任了教育部佥事。教育部的事务并不多，职员们上班后，只是喝茶、吸烟、看报、聊天。鲁迅在他上班第一天（5 月 10 日）的日记中（鲁迅此时开始写日记，直到去世前二日止），就写下了“枯坐终日，极无聊赖”的话。鲁迅失望了，而又不甘寂寞，便在公余时间，纂辑谢承《后汉书》，抄录《唐宋传奇集》。而

△ 鲁迅初到北京时所住的绍兴会馆

颇感失望的鲁迅，忽又得到了好友范爱农淹死的噩耗，更令他悲痛万分。他甚至怀疑一生坎坷的范爱农不是淹死，而是自杀。当夜，鲁迅独自坐在会馆里，心中十分悲凉，写下了三首挽诗：

风雨飘摇日，余怀范爱农。

华颠萎寥落，白眼看鸡虫。

世味秋荼苦，人间直道穷。

奈何三月别，竟尔失畸躬！

海草国门碧，多年老异乡。

狐狸方去穴，桃偶已登场[1]。

故里寒云恶，炎天凛夜长。

独沉清冷水，能否涤愁肠？

把酒论当世，先生小酒人。

大圜犹酩酊，微醉自沉沦。

此别成终古，从兹绝绪言。

故人云散尽，我亦等轻尘！

这三首挽诗情悲意切，又寓意深远。许寿裳在《怀旧》一文中说："先兄读了，很赞美它；我尤其爱'狐狸方去穴'的两句，因为他在那时已经看出了袁世凯要耍把戏了。"

果不其然，1913 年 3 月 20 日，袁世凯的刺客暗杀了国民党代理理事长宋教仁。国民党人在全国各地举兵反袁，"二次革命"爆发，不久即告失败，孙中山、黄兴只好逃亡日本。袁世凯更加肆无忌惮了，1914 年 1 月下令解散了国会，5 月公布了新约法，开始了帝政运动。

鲁迅更是陷入了极度的失望和寂寞中，平常除了去教育部，便是一人向壁。上午 9、10 点钟起床，洗过脸，喝过茶，什么点心都不吃，便往教育部去办公。所谓的办公，也只是例行公事。中午，随便买

[1] "狐狸方去穴"喻指清王朝的灭亡；"桃偶已登场"喻指袁世凯粉墨登场玩假共和的把戏。

点什么东西充饥。下午 4、5 点钟，返回会馆。吃过晚饭，8 点钟开始校勘古籍，抄碑、看佛经，常常要到半夜一两点钟。买来的汉碑拓片大多残缺模糊，抄起来极费心思。有时候抄清一张要好多天。一夜连一夜的孤灯枯坐，时间也在飞快地流逝。

有关鲁迅在民国初年整理古籍和古碑及看佛经，许寿裳在《亡友鲁迅印象记》中回忆说：

鲁迅籍隶会稽，对于乡帮文献，也是很留意的。鲁迅撰集先贤的逸文，足以供后人景行，所刊的《会稽郡故书杂集》，便是一个例子……

……自民二以后，我常常见鲁迅伏案校书，单是一部《嵇康集》，不知道校过多少遍，参照诸本，不厌精详，所以成为校勘最善之书。

……又，搜辑并考证历代小说史料，计有《古小说钩沉》、《唐宋传奇集》、《小说旧闻钞》三部，是他的《中国小说史略》的副册。搜罗的勤勤，考证的认真，允推独步。

……至于鲁迅整理古碑，不但注意其文字，而且研究其图案……即就碑文而言，也是考证精审，一无泛语……

……民三以后，鲁迅开始看佛经，用功很猛，别人赶不上。

……他又对我说："释迦牟尼真是大哲，我平常对人生有许多难以解决的问题，而他居然大部分早已明白启示了，真是大哲！"但是后来鲁迅说："佛教和孔教一样，都已经死亡，永不会复活了。"

所以他对于佛教只当做人类思想发达的史料看，借以研究其人生观罢了。别人读佛经，容易趋于消极，而他独不然，始终是积极的。他的信仰是在科学，不是宗教。

1915年，袁世凯准备称帝了，他唆使他的儿子袁克定和杨度等所谓的“六君子”组织“筹安会”，鼓吹帝制，宣布明年改元为洪宪元年。为了消灭异己，在京城里，布满了密探。还设立了“军政执法处”，只见受了嫌疑而被捕的青年送进去，却从不见他们活着走出来。还有，《政府公报》上，是天天看见党人脱党的广告，说是先前为友人所拉，误入该党，现在自知迷谬，从此脱离，要洗心革面的做好人了。北京文官不论大小，一律受到注意，生恐他们反对或表示不服。以此人人设法逃避耳目，大约只要有一种嗜好，重的嫖赌蓄妾，轻则玩古董书画，也就多少可以放心。

本已极度失望的鲁迅，也不得不沉默了。周作人在《鲁迅的故家·抄碑的目的》中回忆说：

教育部里鲁迅的一班朋友如许寿裳等如何办法，我是不得而知，但他们打麻将总是在行的，那么即此也已可以及格了，鲁迅却连挖花都不会，只好假装玩玩古董，又买不起金石品，便限于纸片，收集些石刻拓本来看。单拿拓本来看，也不能敷衍漫长的岁月，又不能有这些钱去每天买一张，于是动手来抄，这样一块汉碑的文字有时候可供半个月的抄写，这是很合算的事。因为这与誊清草稿不同，原本碑大字多，特别汉碑又多断缺漫漶，拓本上一个字若有若无，要左右远近的细看，才能稍微辨别出来，用以消遣时光，是再好也没有的，就只是破费心思也很不少罢了。

鲁迅后来在《〈呐喊〉自序》中描述了民国初年那一时期的心境：

只是我自己的寂寞是不可不驱除的，因为这于我太痛苦。我于是用了种种法，来麻醉自己的灵魂，使我沉入于国民中，使我回到古代去，后来也亲历或旁观过几样更寂寞更悲哀的事，都为我所不愿追怀，甘心使他们和我的脑一同消灭在泥土里的，但我的麻醉法却也似乎已经奏了功，再没有青年时候的慷慨激昂的意思了。

1916 年 3 月，袁世凯即帝位，6 月，在国人的唾骂声中，得暴病而死。从此，中国陷入了军阀混战之中。1917 年 7 月初，因张勋拥清室废帝溥仪复辟，鲁迅愤而离职。月底，张勋被段祺瑞系的北洋军阀消灭，鲁迅才返回教育部上班。

鲁迅已移居绍兴会馆内的补树书屋，仍旧搜集研究拓本、校勘古籍，在寂寞中沉默着。鲁迅的长弟周作人也到了北京（1917 年 4 月），在北京大学任职，和鲁迅同住一处。据周作人说："到会馆去访问鲁迅的客人并不多，因为白天，主人并不在寓。相识的友人，大抵都在教育部里……天天见面，则无登门拜访之必要。其中只有一位钱玄同先生，常来谈天，他总在傍晚主人下班时走来，靠在唯一的藤躺椅上，古今中外的谈起来……”

钱玄同在日本东京时曾和鲁迅等一同听章太炎讲学，也正是这位同门，使沉默中的鲁迅答应帮助呐喊助阵。

铁屋呐喊

☆☆☆☆☆

（38–42 岁）

1918 年，鲁迅 38 岁了，已近不惑之年了，再也没有青年时候的慷慨激昂了。日本留学时的青年鲁迅有过医学救国的梦想，有过以文艺唤醒民众的理想，有过办《新生》月刊的计划，但是都破灭了。归国后，所见所闻和所经历的一切，都令他怀疑、失望，以至于颓唐得很了。倍感失望与寂寞的鲁迅，是什么原因促使他答应了给《新青年》编委钱玄同做文章了呢？在《〈呐喊〉自序》中，鲁迅记录的他和钱玄同的一段关于铁屋对话，道出了其中原委：

那时偶或来谈的是一个老朋友“金心异”[1]，将手提的大皮夹放在破桌上，脱下长衫，对面坐下了，因为怕狗，似乎心房还在怦怦的跳动。

“你钞了这些有什么用？”有一夜，他翻着我那古碑的钞本，发了研究的质问了。

“没有什么用。”

“那么，你钞他是什么意思呢？”

“没有什么意思。”

“我想，你可以做点文章……”

我懂得他的意思了，他们正办《新青年》，然而那时仿佛不特没有人来赞同，并且也还没有人来反对，我想，他们许是感到寂寞了，但是说：

“假如一间铁屋子，是绝无窗户而万难破毁的，里面有许多熟睡的人们，不久都要闷死了，然而是从昏睡入死灭，并不感到就死的悲哀。现在你大嚷起来，惊起了较为清醒的几个人，使这不幸的少数者来受无可挽救的临终的苦楚，你倒以为对得起他们么？”

“然而几个人既然起来，你不能说决没有毁坏这铁屋的希望。”

[1] 金心异指钱玄同，当时《新青年》的编辑委员之一。《新青年》提倡文化革命后不久，林纾曾写过一篇笔记体小说《荆生》，痛骂文化革命的提倡者，其中有一个人物叫“金心异”，即影射钱玄同。

△ 鲁迅的第一篇白话小说《狂人日记》发表在《新青年》第四卷第五号上

是的，我虽然自有我的确信，然而说到希望，却是不能抹杀的，因为希望是在于将来，决不能以我之必无的证明，来折服了他之所谓可有，于是我终于答应他也做文章了，这便是最初的一篇《狂人日记》。

《新青年》为1915年陈独秀在上海创办的月刊，原名为《青年杂志》。1917年陈独秀应已回国任北京大学校长的蔡元培的邀请，来北京任文科学长后，将总部迁到北京。1918年后，编委会经过改组由陈独秀、李大钊、钱玄同、刘半农、胡适、沈尹默、高一涵、周作人及鲁迅轮流编辑，并改为同人刊物，不接受来稿。办刊宗旨是唤醒国内的青年来摧毁死气沉沉的旧传统，并且宣传倡导科学（“赛先生”，

Science)、民主（“德先生”，Democracy）和新文学，创建一种新文化。鲁迅很早就知道《新青年》了，起初并不很在意。而与钱玄同的这场关于“毁坏铁屋”的对话，像点燃了的导火索，引爆了鲁迅青年时期就立下的以文艺唤醒民众的志向，且从此以后，便一发而不可收，也就有了后来的《呐喊》集中的十余篇小说。

1918 年 5 月，鲁迅的第一篇白话小说《狂人日记》发表在《新青年》第四卷第五号上，第一次用了“鲁迅”作笔名。用此笔名是因为，首先《新青年》编辑者不愿意有别号一样的署名；其次是鲁迅母亲姓鲁，周鲁又是同姓之国（周朝的周公封于鲁），因此取愚鲁而迅速之意。

《狂人日记》的创作，是鲁迅在经历了沉默与思索之后的第一声呐喊，意在暴露封建家族制度和礼教对人性的摧残。小说中没有人物形象的塑造和故事情节的刻意安排，而是作者通过主人公——狂人的口把自己的思想直接呐喊出来，是对吃人的礼教的直接控诉。正如小说中所讲：

凡事总须研究，才会明白。古来时常吃人，我也还记得，可是不甚清楚。我翻开历史一查，这历史没有年代，歪歪斜斜的每页上都写着“仁义道德”几个字。我横竖睡不着，仔细看了半夜，才从字缝里看出字来，满本都写着两个字是“吃人”！

在《狂人日记》的最后一节，鲁迅深切地希望：“没有吃过人的孩子，或者还有？”并且大声疾呼：“救救孩子……”

如许寿裳所说，《狂人日记》“是鲁迅生活的一个大发展，也是中国文学史上应该大书特书的一章”。不过鲁迅没有把自己的作品看得那么高，在当时只是助阵呐喊而已。他说：“在我自己，本以为现在是已经并非一个切迫而不能已于言的人了，但或者也还未能忘怀于当日自己的寂寞的悲哀罢，所以有时候仍不免呐喊几声，聊以慰藉那在寂寞里奔驰的猛士，使他不惮于前驱。”从此，以抄碑来打发寂寞时光的鲁迅，握起了创作之笔，为新文化运动呐喊助阵。

1919 年 4 月和 5 月，鲁迅在《新青年》第六卷的第四号和第五号上，分别发表了白话短篇小说《孔乙己》和《药》。

《孔乙己》是鲁迅最以为称心的作品，曾亲自将之译成日文给日文杂志的索稿者。小说中的主人公孔乙己是一个深受封建科举制度残害的读书人，他“原来也读过书，但终于没有进学，又不会营生；于是愈过愈穷，弄到将要讨饭了”。即便如此，他还是放不下读书人的架子，“是站着喝酒而穿长衫的唯一的人”，“穿的虽然是长衫，可是又脏又破，似乎十多年没有补，也没有洗。他对人说话，总是满口之乎者也，教人半懂不懂的”。结果是招致众人无情的嘲弄，“你怎的连半个秀才也捞不到呢？”他便“立刻显出颓唐不安模样，脸上笼上了一层灰色，嘴里说些话；这回可是全是之乎者也之类，一点不懂了。在这时候，众人也都哄笑起来：店内外充满了快活的空气”。

如果说《狂人日记》是对吃人的封建礼教的直接控诉，《孔乙己》则是对封建森严等级制度下的人与人之间的冷漠、无情嘴脸的严厉鞭笞。“孔乙己是这样的使人快活，可是没有他，别人也便这么过。”人与人之间已冷漠到了以别人的痛苦取乐的程度。孔乙己仅仅偷了丁举人几本书，就被“打了大半夜，再打折了腿”。人与人之间的无情几近于“人吃人”了。《孔乙己》是鲁迅的又一声呐喊，目的还是要改变国人的精神。

鲁迅写《药》最直接的目的，是对1907年就义的反清志士秋瑾的纪念。《药》的主人公叫夏瑜，“夏”和“秋”，都是季节，“瑜”和“瑾”，皆为美玉。并且写夏瑜牺牲在‘古□亭口’，鲁迅这样写，表示了对她的崇敬和悼念。

鲁迅写《药》的更深层的目的，孙伏园的《鲁迅先生二三事·药》一文中说，鲁迅曾经这样讲述《药》的写作意图：

《药》描写群众的愚昧和革命者的悲哀；或者说，因群众的愚昧带来的革命者的悲哀；更直接说，革命者为愚昧的群众奋斗而牺牲了，愚昧的群众并不知道这牺牲为的是谁，却还要因了愚昧的见解，以为这牺牲可以享用……

治病需要良药，革命者的鲜血却被做成了人血馒头，而人血馒头之类是治不了病的，所以华老栓的儿子没治过来；治国也需要良药，夏瑜被关在死囚牢里，还向狱卒宣传说“这大清的天下是我们大家的”，所以这良药便是“唤起民众”。流血的革命已十分艰难，而不流血的思想革命，更加倍的难。为了给人以希望，所以鲁迅“不恤用了曲笔，在《药》的瑜儿的坟上凭空添上一个花环”。

以《新青年》为主导的提倡民主和科学的新文化运动开展得如火如荼，虽反对和非难之声也接连不断，到1919年五四运动爆发时，达到了高峰，引起了全国的反应。鲁迅仍在继续呐喊着，于10月在北京《新潮》月刊第二卷第一号上发表了短篇小说《明天》，于12月在北京《晨报·周年纪念增刊》发表了短篇小说《一件小事》。

8月间，鲁迅把绍兴东昌坊口的老屋买掉后，购得了北京公用库八道湾11号大宅一所，又特地回绍兴接母亲及全眷来住。这座宅子不但房间多，而且空地极大。鲁迅曾对许寿裳说：“我取其空地宽大，宜于儿童游玩。”许回答：“诚然，简直可以开运动会。”鲁迅当时并无子息，而其两弟作人和建人都有子女，他钟爱侄儿们，视同己出，处处实行他的儿童本位教育。他在10月发表在《新青年》上的《我们现在怎样做父亲》一文中就说过：“只能从觉醒的人开手，各自解放了自己的孩子。自己背着因袭的重担，肩住了黑暗的闸门，放他们到宽阔光明的地方去……”鲁迅很想为他的侄儿们创造出一个最适宜发展的环境，趟出一条路。也正如他在根据最后一次回故乡的事写成的小说《故乡》中所说："其实地上本没有路，走的人多了，也便成了路。"（《故乡》最初发表于1921年5月《新青年》第九卷第一号）

1920年8月6日，北京大学国文系主任马幼渔来到了鲁迅的住所，送来了聘书，聘鲁迅教授中国小说史。鲁迅虽然踌躇，最终还是答应了。对于中国古小说，鲁迅很早就产生了浓厚的兴趣。他从日本回国，在杭州、绍兴教书的时候，就利用余暇辑录了一部《古小说钩沉》，收录从周朝到隋朝的散佚小说三十六种。民国元年在南京教育部工作时，就开始整理唐宋传奇的工作了。接受北大聘任后，鲁迅开始认真备课，收集资料，编写讲义。其讲义《中国小说史略》，也成为此门学科的开山和权威之教材。这几年，鲁迅在《新青年》等报刊上发表的多篇小说，都深受读者喜爱，在青年学生中的声望也很高。所以，鲁迅的讲课，受到了学生的欢迎。后来也成为了小说家的王鲁彦，回忆当年在北大听鲁迅讲课的情形时说：

每次每次，当鲁迅先生仰着冷静的苍白的面孔，走进北大的教室时，教室里两人一排的座位上总是挤坐着四五人，连门边连走道都站满了校内和校外的正式和非正式的学生。教室里主宰着极大的喧闹。但当鲁迅先生一进门，立刻安静得只剩了呼吸的声音。他站住在讲桌边，用着锐利的目光望了一下听众，就开始了“中国小说史”那一题。

……说起话来，声音是平缓的，既不抑扬顿挫，也无慷慨激昂的音调，他那拿着粉笔和讲义的两手从来没有表情的姿势帮助着他的语言，他的脸上也老是那样的冷静，薄薄的肌肉完全是凝定着的。

他叙述着极平常的中国小说史实，用着极平常的语句，既不赞誉，也不贬毁。

然而，教室里却突然爆发笑声了。他的每句极平常的话几乎都须被迫地停顿下来，中断下来，每个听众的眼前赤裸裸地显示出了美与丑，善与恶，真实与虚伪，光明与黑暗，过去现在和未来。大家在听他的中国小说史的讲述，却仿佛听到了全人类的灵魂的历史……

1920年8月26日，北京高等师范学校（1922年改为北京师范大学）也聘鲁迅为国文系讲师。

教书，备课，上课，时间很紧张。然而鲁迅的创作并没有停止。他应当时已在上海的陈独秀的约稿，于1920年9月，在《新青年》第八卷第一号发表了小说《风波》，后于10月10日辛亥革命9周年之际，在上海《时事新报·学灯》发表了短篇小说《头发的故事》。

1921年10月12日，北京《晨报》创刊副刊，由孙伏园（鲁迅在绍兴师范学校时的学生）负责编

辑。在此之前，各报从来都没有过副刊。副刊有一个“开心话”的专栏，每周一次登一些较轻松的文字。孙伏园邀请鲁迅为专栏写一篇连载的稿子。12月4日《晨报》的副刊刊出了《阿Q正传》的第一章：序，署名巴人。由此，鲁迅一生中唯一的一部伟大的中篇小说诞生了。

其实，鲁迅“要给阿Q做正传，已经不止一两年了”，他在《〈阿Q正传〉的成因》一文中说明了其创作经过：

阿Q的影像，在我心目中似乎确已有了好几年，但我一向毫无写他出来的意思。经这一提，忽然想起来了，晚上便写了一点，就是第一章：序。因为要切“开心话”这题目，就胡乱加上些不必有的滑稽，其实在全篇里也是不相称的。署名是“巴人”，取“下里巴人”，并不高雅的意思……

第一章登出之后，便“苦”字临头了，每七天必须做一篇。……伏园每星期来一回，一有机会，就是：“先生《阿Q正传》……明天要付排了。”于是只得做……然而终于又一章。但是，似乎渐渐认真起来了；伏园也觉得不很“开心”，所以从第二章起，便移在“新文艺”栏里。

这样地一周一周挨下去，于是乎就不免发生阿Q可要做革命党的问题了。据我的意思，中国倘不革命，阿Q便不做，既然革命，就会做的。我的阿Q的运命，也只能如此，人格也恐怕并不是两个。

……《阿Q正传》大约做了两个月，我实在很想收束了，但我已经记不大清楚，似乎伏园不赞成，或者是我疑心倘一收束，他会来抗议，所以将“大团圆”藏在心里，而阿Q却已经渐渐向死路上走。到最末的一章，伏园倘在，也许会压下，而要求放阿Q多活几星期的罢。但是“会逢其适”，他回去了，代庖的是何作霖君，于阿Q素无爱憎，我便将“大团圆”送去，他便登出来。待到伏园回京，阿Q已经枪毙了一个多月了。

小说以辛亥革命前后闭塞的农村小镇未庄为背景，塑造了阿Q这个具有广泛概括意义的典型形象。他无家无地无固定职业，以出卖劳力为生，备受残害与侮辱。他不能正视自己的悲惨地位，用盲目的自尊自大、自轻自贱、畏强凌弱、健忘、忌讳缺点、以丑为荣等种种手法来自欺自慰，自我陶醉于虚伪的精神胜利之中。阿Q形象的典型性，是每个中国人或多或少都有点的，甚至包括鲁迅自己在内。高一涵（涵庐）曾经在《现代评论》的《闲话》中，追述到《阿Q正传》发表时的情形时说：

……我记得当《阿Q正传》一段一段陆续发表的时候，有许多人都栗栗危惧，恐怕以后要骂到他的头上。并且有一位朋友，当我面说，昨日《阿Q正传》上某一段仿佛就是骂他自己。因此便猜疑《阿

Q 正传》是某人作的，何以呢？因为只有某人知道他这一段私事。……从此疑神疑鬼，凡是《阿 Q 正传》中所骂的，都以为就是他的阴私；凡是与登载《阿 Q 正传》的报纸有关系的投稿人，都不免做了他所认为《阿 Q 正传》的作者的嫌疑犯了！等到他打听出来《阿 Q 正传》的作者名姓的时候，他才知道他和作者素不相识，因此，才恍然自悟，又逢人声明说不是骂他。

由此可见《阿 Q 正传》所讽刺的不是某一具体的人，乃是一般人的疮疤。所以，直到《阿 Q 正传》连载早就结束了，还有人问鲁迅：你实在是骂谁和谁呢？鲁迅只能悲愤地说："自恨不能使人看得我不至于如此下劣。"鲁迅自言他写作的人物模特，"没有专用过一个人，往往嘴在浙江，脸在北京，衣服在山西，是一个拼凑起来的角色。有人说，我的那一篇是骂谁，某一篇又是骂谁，那是完全胡说的"。

《阿 Q 正传》问世后不久，就有了英、俄、日、法等译本（现在已被译成四十多种文字），在国际赢得了很高的声誉。罗曼·罗兰收到法文本后，立刻介绍给了巴黎《欧罗巴》月刊刊出。更曾有瑞典人托人来征询鲁迅，要将之送给管理诺贝尔文学奖金委员会，并认为极有希望，但是被鲁迅辞谢了。

鲁迅觉得中国实在还没有可得诺贝尔奖金的人，倘因自己是黄色人种，特别优待，从宽入选，反足以增长中国人的虚荣心，以为真可与别国媲美了，结果将很糟。

1922 年，鲁迅又陆续创作了《端午节》《白光》《兔和猫》《鸭的喜剧》《社戏》等白话短篇小说。鲁迅将这一时期所创作的十五篇小说，编了个集子，取书名为《呐喊》[1]。

《新青年》团体逐渐发生了分化，1922 年 7 月 1 日，出满九卷后停刊。鲁迅自从在《新青年》发表《狂人日记》后，便愿听从“前驱者的命令”冲锋陷阵，创作“遵命文学”。鲁迅曾说：“我的作品在《新青年》上，步调是和大家大概一致的，所以我想，这些确可以算作那时的‘革命文学’。”他还说陈独秀“是催促我做小说最着力的一个”。后来鲁迅在《自选集·自序》中不无伤感地写道：

后来《新青年》的团体散掉了，有的高升，有的退隐，有的前进，我又经验了一回同一战阵中的伙伴还是会这么变化，并且落得一个“作家”的头衔，依然在沙漠中走来走去……

鲁迅的呐喊也许唤醒了铁屋中沉睡的个别几个人，然而，黑暗的铁屋最终能打开吗?

[1] 《呐喊》的初版是十五篇。1930年1月第13次印刷时，鲁迅将以神话为题材的《不周山》抽出，改名为《补天》，收入了历史小说集《故事新编》中。所以以后各次印刷的《呐喊》就只有十四篇了。

荷戟独彷徨

☆☆☆☆☆

（43–44 岁）

1923 年 7 月的一个下午，鲁迅、周作人两兄弟突然决裂。不久，鲁迅搬出了八道湾的大宅，和夫人朱安暂时住进了砖塔胡同 61 号的房子。此后两三个月里，鲁迅一直在寻找合适的房屋。最后看中了阜成门内西三条胡同 21 号房屋（现为鲁迅故居纪念馆），遂借钱购下，便又忙于办手续、组织装修，直至翌年 5 月 25 日才迁入。这是一所小小的三开间的四合式，与八道湾敞亮的大宅没法比。北屋的东间为鲁迅母亲居住，西间为夫人朱安居住。北屋的中间的后面接出一间，鲁迅称之为“老虎尾巴”，是他的工作室，《彷徨》、《野草》及许多译著，都是在这里写成的。

周氏两兄弟失和的具体原因，两兄弟都没有明确说过。据郁达夫说，乃是经济原因：

但鲁迅有时候对我说："我对启明，总规老劝他的，教他用钱应该节省一点，我们不得不想想将来，但他对于经济，总是进一个花一个的，尤其是他那一位夫人。"（郁达夫《回忆鲁迅》）

后来周建人、许广平也都谈到了这个经济方面的原因。许寿裳则说周作人的妻子"羽太信子是有歇斯台里性的。她对于鲁迅，外貌恭顺，内怀忮忌。作人则心地糊涂，轻听夫人之言，不加体察"。

他们兄弟二人本来合作融洽，彼此激励，正处于创作的高峰期，突然发生这种变故，是始料不及的。那段时间也正是五四运动的高潮刚过，《新青年》的团体也散掉了。受此种种打击，鲁迅不仅情绪十分低沉，身体状况也相当不好。以致在搬到砖塔胡同后不久便肺病复发，咳嗽、发高烧，连续一个多月只能以稀粥为食。虽经治疗得以痊愈，却就此种下了病根。

尽管如此，他还是坚持讲课、写作。也许是经济的原因，鲁迅同时兼任四所大学的讲师，除北大、北师大外，又兼任了北京女子高等师范学校（后扩为北京女子师范大学）和世界语专门学校讲师。

自从26岁遵照母命与朱安成婚后，鲁迅始终采取一种躲避的态度，多年两地分居。在鲁迅39岁时，举家入京迁入八道湾后，鲁迅仍与朱安分室居住。好在那是一个大宅院，不难找到回避的

◁ 阜成门内西三条胡同21号，现为鲁迅故居纪念馆

借口和地方，但是砖塔胡同的房子毕竟太小了。他们在砖塔胡同住了约三百天的时间，除其中母亲来过十余次、前后共住了一百六十来天外，其他一百三十多天的时间，则是他们夫妇相对独处。这是鲁迅一生中与朱安单独在一处居住最长的一段时间了。他不爱她，但也没有道理恨她，因为她是孑然无助的，只能像一棵死缠住他的藤，把自己一生的命运完全系在他的身上。

鲁迅在是年底在北京女子高等师范学校文艺会讲演的《娜拉走后怎样》中，谈到妇女的解放问题，认为要从经济方面着手，单靠热情与幻想是没有用的。他对那些女学生说：

人生最苦痛的是梦醒了无路可以走。做梦的人是幸福的；倘没有看出可走的路，最要紧的是不要去惊醒他。……然而娜拉既然醒了，是很不容易回到梦境的，因此只得走；可是走了以后，有时却也免不掉堕落或回来。否则，就得问：她除了觉醒的心以外，还带了什么去?……直白地说，就是要有钱。梦是好的；否则，钱是要紧的。……自由固不是钱所能买到的，但能够为钱而卖掉。……要求经济权固然是很平凡的事，然而也许比要求高尚的参政权以及博大的女子解放之类更烦难。……断不如自己握着经济权之为可靠。

在砖塔胡同居住的九个多月时间里，鲁迅校勘了《嵇康集》，编定了《中国小说史略》下卷，且在极短的时间内连续创作完成了小说《祝福》(1924年2月7日,农历正月初三)、《在酒楼上》(1924年2月16日，农历正月十二)、《幸福的家庭》(1924年2月18日，农历正月十四)、《肥皂》(1924年2月22日)。

从上述作品的写作时间上看，1924年的除夕夜对鲁迅来说是多么的清冷和寂寞!他在2月4日(农历除夕)的日记中写道："旧历除夕也，饮酒特多。"那年的春节，他几乎是在创作中度过的。十天左右的时间，完成了三篇短篇小说。"旧历的年底毕竟最像年底……"，鲁迅在这一年的旧历年底的爆竹声中，开始了《祝福》的创作，在新年的祝福声中，鲁迅笔下的人物——祥林嫂在饥寒交迫中死去了，临去前，还背负着魂灵会在地狱中被锯为两半的恐惧。这位在吃人的封建礼教摧残下的农妇的悲惨的一生，她的身上也许还有着朱安甚或鲁迅的母亲的影子呢。接下来的《在酒楼上》的祝福，则是为了旧日的梦而祝。小说中的有着鲁迅很多自传成分的主人公吕纬甫，已变得落寞、颓唐了，但“也还是祝赞她（船户的女儿顺姑，象征着昔日纯洁美好的梦——笔者注）一生幸福，愿世界为她变好。然而这些意思也不过是我的旧日的梦的痕迹”。而所谓的《幸福的家庭》更是难以企及的梦幻，甚至连安置那“幸福的家庭”的地方都没有。“北京？不行，死气沉沉，……江苏浙江天天防要开仗；福建更无须说。四川，广东？都正在打。山东河南之类？——阿阿，要绑票的，……上海天津的租界上房租贵……假如在外国，笑话。云南贵州不知道怎样，但交通也太不便……”于是只好假定这“幸福的家庭”所在的地方叫作A。

1924年11月17日《语丝》周刊出版，在创刊号上，鲁迅发表了《论雷峰塔的倒掉》一文。文中就这年9月杭州雷峰塔倒塌一事，表达了鲁迅的欣喜之情。许仙和白素贞的自由恋爱，是鲁迅还不曾有的。“凡有田夫野老，蚕妇村氓，除了几个脑髓里有点贵恙的之外，可有谁不为白娘娘抱不平，不怪法海太多事的？和尚本应该只管自己念经。白蛇自迷许仙，许仙自娶妖怪，和别人有什么相干呢？”

《语丝》的创刊，还和鲁迅颇有渊源。鲁迅曾写过一首打油诗《我的失恋》，寄给了《晨报副刊》。稿件已经发排，却被当时的一位助理总编辑给抽调了，使当时办《晨报副刊》的孙伏园愤而辞职后，创立了《语丝》。鲁迅《野草》中的全部散文诗，最初都是在此发表的。

在这些优美的散文诗中，表达了鲁迅当时苦闷、彷徨的心情：

我不过一个影，要别你而沉没在黑暗里了。然而黑暗又会吞并我，然而光明又会使我消失。

然而我不愿彷徨于明暗之间，我不如在黑暗里沉没。

然而我终于彷徨于明暗之间，我不知道是黄昏还是黎明。我姑且举灰黑的手装作喝干一杯酒，我将在不知道时候的时候独自远行。

——《影的告别》

《语丝》创刊不久，《现代评论》也于12月13日在北京创刊，主要撰稿人为胡适、陈源（西滢）、王世杰等人，是一个政论时评性质的刊物。陈源开辟了“闲话”专栏，每期发表些短评。后来因为北京女子师范大学发生的反对校长杨荫榆的风潮，《现代评论》支持杨荫榆，《语丝》则支持学生，两个刊物发生了论战。陈源被称为“现代派主将”，鲁迅被冠以“语丝派首领”的头衔。而在与陈西滢的论争中，周作人却是与鲁迅并肩而战的。

在《语丝》周刊上，鲁迅发表了《示众》（1925年4月13日第22期）、《高老夫子》（1925年5月11

日第26期）和《离婚》（1925年11月23第54期）三篇小说。这期间，鲁迅还创作了小说《长明灯》（初连载于1925年3月5日至8日北京《民国日报副刊》）、《弟兄》（最初发表于1926年2月10日北京《莽原》半月刊第三期），以及未在报刊发表过的《孤独者》（1925年10月17日完成）和《伤逝》（1925年10月21日完成）。以上七篇连同在1924年年初创作的《祝福》等四篇共十一篇小说，后来都收入了鲁迅的第二个短篇小说集《彷徨》里。鲁迅在《题〈彷徨〉》诗中写道：

寂寞新文苑，平安旧战场。

两间余一卒，荷戟独彷徨。

“两间”也就是《野草·影的告别》中的“然而我终于彷徨于明暗之间”的光明与黑暗之间。许寿裳说：“《彷徨》的作风，已经和《呐喊》的时代不一样，他的思路和技术，都更有了进步，但是寂寞之感也跟着增加，因之他所说的装点欢笑，已经渺不可得了。”

《伤逝》表面上写的是爱情，而实质上，周作人却认为“不是普通恋爱的小说，乃是假借了男女的死亡来哀悼兄弟恩情的断绝”；而随后创作的《弟兄》则是：“这篇写张沛君为了兄弟患病，四处寻医，种种忧虑奔走的情形，大部分是鲁迅自身经历的事实。”（许寿裳《关于〈弟兄〉》）。

1925年，45岁的鲁迅，爱情还未曾有过，手足之情又断绝了。

鲁迅还可以爱么？

我可以爱么

★★★★★

（45–46 岁）

1925 年的北京，是不平凡的一年。受冯玉祥之邀抱病来北京商讨国家统一大业的孙中山先生，于 3 月 12 日不幸逝世。7 月 1 日，广州国民政府成立，北伐战争一触即发。而此时的北京，由段祺瑞任临时执政的临时政府，是建立在冯玉祥的国民军和张作霖的奉系军阀间的脆弱的平衡上，已摇摇欲坠了。

这一年对鲁迅来说也是不平凡的。迁到西三条胡同后，他与朱安的生活，表面上很平静，却终日无语，形同路人。自 1906 年，鲁迅奉母命与朱安女士结婚后，二十年过的却是无性的婚姻生活。鲁迅已决定牺牲自己，在寂寞中孤独地度此余生。然而，直到有一天，一个新的女性出现在鲁迅面前，打破了他沉寂的生活。

◁ 学生时期的许广平

这个女性就是当时 26 岁的许广平——鲁迅的学生。

许广平，广东番禺人，母亲姓宋，她因为景仰母亲，又自号曰景宋。她在幼年时，就受到革命思想的陶冶，头脑清晰，勇于做事，性格刚直坦率。1923 年，她到北京投考北京女子高等师范学校（1924 年扩为北京女子师范大学）。机缘巧合，鲁迅也正是这年被女师大聘为讲师，讲授小说史和文艺理论等课程。由此，她成为了鲁迅的学生。鲁迅的第一堂课，就给她留下了深刻的印象。许广平后来在《鲁迅和青年们》一文中回忆道：

当鲁迅先生来上课的瞬间，人们震于他的声名，每个学生都怀着研究这新先生的一种好奇心。在钟声还没收住余音，同学照往常积习还没就案坐定之际，突然，一个黑影子投进教室来了。首先惹人注意的便是他那大约有两寸长的头发，粗而且硬，笔挺地竖立着，真当得“怒发冲冠”的一个“冲”字。一向以为这句话有点夸大，看到了这，也就恍然大悟了。褪色的暗绿夹袍，褪色的黑马褂，差不多打成一片。胳臂上衣身上的许多补丁，则炫着异样的新鲜色彩，好似特制的花纹。皮鞋的四周也满是补钉。人又鹘落，常从讲坛跳上跳下，因此两膝盖的大补钉，也掩盖不住了。一句话说完，一团的黑。那补钉呢，就是黑夜的星星，特别熠耀人眼。小姐们哗笑了！“怪物，有似出丧时那乞丐的头儿。”也许有人这么想。讲授功课，在迅速地进行。当那笑声还没有停止的一刹那，人们不知为什么全都肃然了。没有一个人逃课，也没有一个人在听讲之外拿出什么来偷偷做。钟声刚止，还来不及包围着请教，人不见了，那真是“神龙见首不见尾”。许久许久，同学醒过来了，那是初春的和风，新从冰冷的世间吹拂着人们，阴森森中感到一丝丝暖气。不约而同的大家吐一口气回转过来了。

1925年初，北京女子师范大学发生了反对女校长杨荫榆的风潮。事情的起因是，1924年暑假，三名学生回南方探亲，因江浙战争爆发交通被阻，开学时未能及时返校，被杨荫榆迫令退学。学生们多次请求校长收回成命而未果，遂激起公愤，爆发了“驱杨风潮”。

1925年3月11日，许广平给鲁迅写了第一封信，她在信开头自我介绍说：

鲁迅先生：

现在执笔写信给你的，是一个受了你快要两年的教训，是每星期翘盼着希有的，每星期三十多点钟中一点钟小说史听讲的，是当你授课时，坐在头一排的座位，每每忘形地直率地凭其相同的刚决的言语，在听讲时好发言的一个小学生。他有许多怀疑而愤懑不平的久蓄于中的话，这时许是按抑不住吧，所以向先生陈诉。

随后就女师大风潮一事，向鲁迅请教“中国女子教育之前途”问题：

……先生！你请看看吧！现在北京学界中发生了驱逐校长的事，同时反对的，赞成的，立刻就各标旗帜，校长以“留学”、“留堂”——毕业留本校任职——谋优良位置为饼饵，学生以权利得失为去取，今日收买一个，明日收买一个……今日被买一个，明日被买一个……在买者蝇营狗苟，凡足以固位恋栈的无所不用其极，有洞皆钻，无门不入。被买者也廉耻丧尽，人格破产。似此情形，出于清洁之教育界人物，有同猪仔行径，其尤可愤恨的，这种含多量细菌的空气，乃播于名为受高等教育之女校长女学生身上。做女校长的，如其确有谋该校教育发展的干材的伟大教育高见，及其年来经过成绩，何妨公开的布告，而乃“昏暮乞怜，丑态百出，啧啧在人耳口”。呜呼！中国教育之前途。但是女校长或者因环境种种关系，支配了他不能不如此！而何以校中学生，对于该事乃日见软化，明明今日好好的出席，提出种种反对条件，转眼就掉过头来噤若寒蝉，或者明示其变态行动。呜呼！此中国女子教育之前途！或者此政潮影响教育之前途!!!情形是一天天的恶化了！五四以后的青年是很可以悲观痛哭的了！

许广平希望鲁迅能收录她作个无时、地界限的指南诱导的学生，她在信的最后恳请道：

……现在的青年的确一日日的堕入九层地狱了！或者我也是其中之一。虽然每星期中一小时的领教，可以快心壮气，但是危险得很呀！先生！你有否打算过“救人一命，胜造七级浮屠”呢？先生！你虽然很果决的平时是，但我现在希望你把果决的心意缓和一点，能够拯拔得一个灵魂就先拯拔一个！先生呀！他是如何的“惶急待命之至”！

敬候

撰安！

谨受教的一个小学生许广平

十一，三，十四年[1]

[1] 民国十四年三月十一日，也就是1925年3月11日。

鲁迅收到许广平的第一封信后，当天就给予了热情的回复。他用每行格子写两行字的小字体，洋洋洒洒写满了四页信纸，两千余字,对她在信中提出的问题,一一做了答复,并教以“壕堑战”的战法。当许广平收到复信后，打开信封，抽出那红线的白纸时，竟然“读来信三天中给我感应最深时，乃不能写得只字于片纸中”。她对于鲁迅在信中称她为广平兄，非常惊异，不知“先生之意何居”。在此后的一个月中，她给鲁迅写了6封信，鲁迅几乎是每接一信当天即复。

也许，写信已无法满足那份好奇和关注。彼此通信一个月后，4月12日，许广平拉了一位好朋友，到了鲁迅的“秘密窝”探险了。她看到了那座“墙外有两株树，一株是枣树，还有一株也是枣树”的后园，看到了那间被称为“老虎尾巴”、“满镶玻璃”的工作室，看到了在这小天地中、在一缕缕的烟草烟中徘徊俯仰的“先生”，自然,也看到了那位个子矮矮的小脚妇女——“先生”的妻子朱安。她体会到了鲁迅的“孤独凄凉”和“如古寺僧人的生活”以及“心头炽烈的烈火”。

许广平的这次来访后，两人的关系更加密切了，通信也更频繁了。从4月11日的第一封信，到7月30时在北京期间的最末一封信止，四个月中来往信件四十一封，平均每三天一封。而此后直至1926年8月末，他俩离开北京南下的一年多的时间里，彼此间却不再写信了，表明两人的交往更加密切直接了。

北师大的风潮并没有平息，章士钊于4月份接任教育总长后，以整顿学风为名，支持杨荫榆。杨荫榆于5月9日开除了学生自治会的六名职员，其中有许广平和刘和珍。11日，女师大学生召开紧急大会，决定驱逐杨荫榆，并出版《驱杨运动特刊》。27日，鲁迅、钱玄同、周作人等7名女师大任课的教授，联名在《京报》上发表《对于北京女子师范大学风潮宣言》，表示坚决支持学生。宣言发表后不久，陈西滢在《现代评论》上，发表了《闲话》（1925年5月30日《现代评论》第一卷第二十五期）一文，含沙射影地说，这次学生运动是“在北京教育界占最大势力的某籍某系的人在暗中鼓动”，认为鲁迅等人站在学生一边，是对当局的一种不负责的表现，并且让章士钊等人“万不可再敷衍姑息下去”。陈西滢的这种态度引起了鲁迅的反感，鲁迅也随即发表了《我的“籍”和“系”》（1925年6月5日《莽原》周刊第七期）一文，说：“我确有一个“籍”，也是各人各有一个的籍，不足为奇。”对陈西滢的论调予以批驳。以此为导火线，鲁迅与陈西滢等“现代评论”派的人，进行了激烈的论战。

风潮又进一步升级。8月1日，杨荫榆找来保安警察，宣布解散闹风潮最厉害的四个班，并驱赶还在校内的三十名学生。驱赶不成，又停止了饮食茶水的供应，想迫使学生自动离校，却没有达到目的。10日，章士钊通过国务会议，发出了停办女师大的指令。教育部决定将北京女子师范大学改组为国立北京女子大学。8月22日，教育部专门教育司司长刘百昭，率领武装巡警并雇用三河县身强力壮的女佣，强行把学生拖出学校，并在校门口挂起女子大学筹备处的招牌。然而，女师大并没有被就此摧毁。女师大校务维持委员会在西城南小街宗帽胡同找到了一处房屋作校舍，授课教师也都义务上课。因为鲁迅积极参加了女师大校务维持会的活动，章士钊呈请段祺瑞执政府批准，免去了鲁迅的教育部佥事职务。鲁迅立刻向平政院（当时处理行政诉讼的专门机构）控告，许寿裳等也联名发表《反对教育总长章士钊之宣言》表示抗议。到了11月28日，北京市民举行了要求关税自主和反对段祺瑞执政府的示威游行，章士钊逃到了天津。30日，北京女子师范大学得以在原校址复校。1926年的1月17日，教育部恢复了鲁迅的佥事职务。

女师大的风潮，前前后后持续了一年有余。在和许广平的频繁通信期间，鲁迅随时知道了学潮的情形，并发表文章公开支持学生。在这期间，两人有了更多接近的机会，感情也更接近了。鲁迅的内心却越来越矛盾："异性，我是爱的，但我一向不敢，因为我自己明白各种缺点，深怕辱没了对手。"他向许广平坦陈了自己"不配"的种种因素，最后问："为什么还要爱呢？"许广平却干脆地回答："神未必这样想！"

"神未必这样想"正是鲁迅在女师大讲授过的课程，是英国诗人勃朗宁的一首诗，它描写一对忘年恋人的遭遇，男人顾虑年龄差异，没有勇气结婚，女人十年后委身于一个不爱的人，男人依旧单身，交往了一个女演员，结果四个人都很不幸——到这时男人才悟到：当初他的顾虑才是违反天意的——“神未必这样想”。许广平拿来还给了老师！

鲁迅找不到反驳的理由，只好说许广平“中毒太深”。

许广平在鲁迅编的《国民新报副刊（乙刊）》上，发表了散文《同行者》，在文章的开头，表达了他们那时彼此间的亲近之情：

一个意外的机会，使得渠俩不知不觉地亲近起来，这其中，自然早已相互了解，而且彼此间都有一种久被社会里人间的冷漠、压迫、驱策；使得渠俩不知不觉地由同情的互相怜悯而亲近起来。

在这一年深秋的某一个晚上，在鲁迅寓所的“老虎尾巴”书房，许广平首先握住了鲁迅的手，鲁迅报以“轻柔而缓缓的紧握”。终于，鲁迅对许广平说：“你战胜了！”

1926年初，许广平又写了一篇火一般热情的文章——《风子是我的爱……》，投稿到《国民新报副刊（乙刊）》。她毫不掩饰自己炽热的感情，让它们如洪水般奔涌而出：

他——风子——既然承认我战胜了！甘于做我的俘虏了！即使风子有它自己的伟大，有它自己的地位，藐小的我既然蒙它殷殷握手，不自量也罢！不合法也罢！这都于我们不相干，于你们无关系，总之，风子是我的爱……呀！风子。

合法与否，她已经全然不去顾及了，而鲁迅却决定不在副刊上发表。在北京，他是无法给予爱他的人一个合法的位置的。

1926年3月18日，正在家里为《语丝》周刊写“无花的蔷薇之二”的鲁迅，得到了他的女师大的学生刘和珍与杨德群，在反对八国通牒示威游行中，在国务院门前，遭到段祺瑞政府屠杀的消息。鲁迅震惊了：“已不是写什么‘无花的蔷薇’的时候了……中华民国十五年三月十八日，段祺瑞政府使卫兵用步枪大刀，在国务院门前包围虐杀徒手请愿，意在援助外交之青年男女，至数百人之多。还要下令，诬之曰暴徒！……墨写的谎说，决掩不住血写的事实。血债必须用同物偿还。拖欠得愈久，就要付更大的利息！……3月18日，民国以来最黑暗的一天，写。”不久，鲁迅又写了一篇《记念刘和珍君》的悼念文章，在文中他愤然地说：“真的猛士，敢于直面惨淡的人生，敢于正视淋漓的鲜血。这是怎样的哀痛者和幸福者？……惨象，已使我目不忍视了；流言，尤使我耳不忍闻。我还有什么话可说呢？我懂得衰亡民族之所以默无声息的缘由了。沉默啊，沉默啊！不在沉默中爆发，就在沉默中灭亡。”

此时，国民军与奉系军阀的脆弱的平衡已破碎，奉军正逼近北京。段祺瑞欲投靠奉军，被国民军察觉，段祺瑞于4月9日深夜逃走，这个本来就摇摇欲坠的执政府终于垮台了。

北京的局势也变得紧张了，鲁迅供职的教育部一直拖欠薪水，购买西三条胡同借的八百元房款还没还清（鲁迅到厦门之后才还清），因此，在北京居住了十四年的鲁迅也要离开了。而离开的另一个重要的原因，是为了爱情。他的妻子朱安，是母亲给他的礼物，若要离婚，她是无法生活下去的。况且，若那样，社会的舆论压力，也会使鲁迅难以承受。因此，他和许广平约好："希望在比较清明的环境下，分头苦干两年，一方面为人，一方面自己也稍可支持，不至于饿着肚皮战斗，减低了锐气。"（许广平《鲁迅和青年们》）

鲁迅在北京的最后两年，不仅收获了爱情，出版的著作也颇丰。1925 年 11 月，出版了杂文集《热风》；1926 年 1 月，《莽原》半月刊第一期出版，他的回忆录《朝花夕拾》中的文章，开始在此刊连载；6月，出版了杂文集《华盖集》；8 月小说集《彷徨》和《小说旧闻钞》出版。

南下教书

☆☆☆☆☆

（46—47 岁）

1926 年，是中国社会政治变动很大的一年。3 月，广州发生中山舰事件，7 月，蒋介石就任国民革命军总司令,北伐开始。北方的政局，正陷于北洋军阀的分裂混乱的情势。冯玉祥的国民军曾一度占了北京，又被奉系张作霖、直系吴佩孚所攻迫。张、吴间也貌合神离，都遥控着北京政权。北京教育文化界人士,纷纷南下。

1926 年 5 月，鲁迅女师大的同事、语丝社同人林语堂回到福建，担任了厦门大学文科学长，邀请鲁迅前往任教。7 月 28 日，鲁迅收到了厦门大学寄来的薪水四百元，旅费一百元。8 月 26 日下午，鲁迅和许广平就启程了，乘火车经天津南行。到北京车站送行的有许寿裳、宋子佩、许钦文、许羡苏等十多人。29 日晨到达上海，停留四天，鲁迅见了周建人和一些文化界的朋友。9月1日，鲁迅乘“新宁号”赴厦门，任厦门大学教授；许广平乘“广大号”轮船赴广州，任女子师范训育主任。还在船上，许广平就开始写信，将打听到的从厦门去广州的走法告诉鲁迅，“借供异日参考”。她在信中说：“临行之预约时间，我或者不能守住，要反抗的。”她觉得两年的计划太漫长了。鲁迅在船上，也在惦念坐在另一艘船上的许广平。他在9月4日致许广平的信中说：

我在船上时，看见后面有一只轮船，总是不远不近地走着，我疑心是广大。不知你在船中，可看见前面有一只船否？倘看见，那我所悬拟的便不错了。

9月4日下午鲁迅到达厦门。这座当时的海滨小城，最初给他的印象还不错，“背山面海，风景佳绝”，厦门大学给的薪水不可谓不多，他原是打算在此住两年，为事业也为自己的生活积聚一点必需的钱。可是一住下来，就觉得不对了。首先是当地的语言听不懂，他在9月12日致许广平的信中说：

现在住了已经近十天，渐渐习惯起来了，不过言语仍旧不懂，买东西仍旧不便。开学在二十日，我有六点钟功课，就要忙起来，但未开学之前，却又觉得太闲，有些无聊，倒望从速开学，而且合同的年限早满。

其次是对当地饮食的不习惯，他在10月3日致章廷谦的信中说：

但饭菜可真有点难吃，厦门人似乎不大能做菜也。饭中有沙，其色白，视之莫辨，必吃而后知之。

再次是对学校安排的住处也觉很不方便，最初是被搁在须走九十六级台阶的陈列室的大洋楼上，后来是图书馆楼上的一间屋子，每夜九时后，便只剩他一人。

初来乍到，无人可谈，寂寞无聊是可想而知的了，更何况处于热恋中的鲁迅。他和许广平的分开，原是为了两年后的聚。到校还不到一个月，鲁迅就

△ “泱泱社”旧址

觉得敷衍不了一年了。他在9月26日致许广平的信中说：

我想，一个人要生活必需有生活费，人生劳劳，大抵为此。但是，有生活无“费”，固然痛苦；在此则似乎有“费”而没有了生活，更使人没有趣味了。我也许敷衍不到一年。

吃、住的不适应，是可以慢慢习惯的。而学校的风气，鲁迅却无法苟同了。“常在一处的人，都是面笑心不笑，无话可谈，真是无聊之致”。他在10月23日致许广平的信中说：

我新近想到了一句话，可以形容这学校的，是“硬将一排洋房，摆在荒岛的海边上”。然而虽然是这样的地方，人物却各式俱有，正如一点水，用显微镜看，也是一个大世界。其中有一班“妾妇”们，上面已说过了，还有希望得爱，以九元一盒的糖果送人的老外国教授；有和著名的美人结婚，三月复离的青年教授；有以异性为玩艺儿，每年一定和一个人往来，先引之而终拒之的密斯先生；有打听糖果所在，群往吃之的好事之徒……世事大概差不多，地的繁华和荒僻，人的多少，都没有多大关系。

鲁迅在国学系担任两门课程，中国小说史和中国文学史。前一门课程无需编写讲义，早在1920年，在北京大学任教时就编写了《中国小说史略》；后一门课程，鲁迅还是认真地编了讲义，那便是后来刊行的《汉文学史纲要》。可是，开课才一个多月，他对这里的印象已经从“风景绝佳”变成了“硬将一排洋房，摆在荒岛的海边上”。他认为这个学校没有人才，缺乏计划，校长尊孔，教员则是“惟校长之喜怒是伺”。与北京相比，是同样污浊的小沟。好在学生待他尤好，恐怕他在此住不惯，有几个本地人，甚至于星期六不回家，预备星期日他要往市上去玩，好同去做翻译。还有一些爱好文艺的学生聚集在他周围，他们组织出版了名为《波艇》的刊物。鲁迅不仅帮着看稿、撰写文章，还介绍上海北新书局代印代发。

鲁迅在厦门岛的寂寞是能耐得住的，但他却并不甘于寂寞。此时，国民革命军从广州出师北伐，节节胜利，每每听到新的进展，鲁迅都很高兴和兴奋。他在10月10日致许广平的信中说："今天是双十节，却使我欢喜非常，……北京的人，似乎厌恶双十似的，沉沉如死，此地这才像双十节。"在10月20日的信中说："北伐军得武昌，得南昌，都是确的；浙江确也独立了。"在11月8日的信中说："今天看报，知九江已克，周风岐降，也已见于路透电，定是确的，则孙传芳仍当声势日蹙耳。"这一时期，许广平写来的信里，也常谈到北伐的消息，也同样的欢欣鼓舞。

与当时北方的军阀混战和厦门的闭塞、守旧相比，在鲁迅眼里，广州是全国最有希望的地方了。此时，为了纪念孙中山先生，原广东大学正在扩充改组，改名为中山大学。许广平很想让鲁迅来此任教，她在10月7日致鲁迅的信中说：

厦大情形，闻之令人气短，但以后何以对付呢？念念，如该处不能久居，乔迁何处呢？广州似乎还不至如此办学无状，你也有熟人，如顾某（按：顾孟馀）等，如现在地位不好住，也愿意来此间尝试否？郭某（按：郭沫若）做政治部长去了，此刻广大改名中山大，校长是戴季陶。

10月16日，鲁迅收到了朱家骅（按：时任国立中山大学委员会委员，代理校务委员长）的电报，邀请他、沈兼士、林语堂到广州去参加中山大学改革学制的讨论。能够和许广平在广州相聚，鲁迅是期盼的。然而，现实的问题是，如何安排现在的妻子朱安？他还有些犹豫。中山大学不断来信催促，鲁迅最终决定完成厦门大学这学期的课再去。

鲁迅到厦门不久，外界就已流言四起，说他带了密斯许双双到了厦门。鲁迅起初并不知道这些风言风语，只是对青年作者高长虹对自己的突然攻击感到莫名其妙。高曾是鲁迅主编的《莽原》的主要撰稿者，曾拜访鲁迅在北京西三条的家不下百次，交往很密切。后来，高长虹在上海办《狂飙》周刊，先是借用"思想界先驱者鲁迅"合办的名头做宣传，后又在其上发表文章，嘲讽鲁迅为"世故老人"、"遂戴其纸糊的权威者的假冠入心身交病之状况矣"。鲁迅很生气，写了一篇《所谓"思想界先驱者"鲁迅启事》给予反驳。

不久，高长虹在《狂飙》周刊第七期（11月26日）上发表了一首题为"给——"的诗，让好事者又将流言演绎成了三角恋情。诗中写道："太阳是我的朋友，月儿我交给他了，带她向夜归去。夜是阴冷黑暗，他嫉妒那太阳，太阳丢开他走了，从此再未相见。”外界传言高长虹自比太阳，把许广平比做月亮，诗中“月儿我交给他了”，是说他把许广平交给了鲁迅。关于这诗的流言，鲁迅先前倒没有料到，直到12月29日接到韦素园的信才明白。既然流言已如此不堪，鲁迅也就不再瞻前顾后了。不论“别人神经过敏的推测”也好，还是“《狂飙》社中人故意附会宣传”也好，抑或高长虹“真疑心”鲁迅“破坏了他的梦”也好，鲁迅已下决心要与所爱的人在一起。他当天就写信给许广平说：

厦大是废物，不足道了。中大如有可为，我也想为之出一点力，但自然以不损自己之身心为限。我来厦门，本意是休息几时，及有些豫备，而有些人以为我放下兵刃了，不再有发表言论的便利，即翻脸攻击，自逞英雄；北京似乎也有流言，和在上海所闻者相似，且说长虹之攻击我，乃为此。用这样的手段，想来征服我，是不行的。我先前的不甚竞争，乃是退让，何尝是无力战斗。现在就偏出来做点事，而且索性在广州，住得更近点，看他们卑劣诸公其奈我何？然而这也是将计就计，其实是即使并无他们的闲话，也还是到广州的。

12月31日，鲁迅向厦门大学提出辞职。辞职的消息一传出，竟引起了不小的波动。不少学生愤慨，有些人慨叹，有些人恼怒，也有人借此攻击学校。鲁迅赴了几次送别会，辛苦地做了几天“名人”。

1927年1月11日，鲁迅动身前，给许广平写了厦门期间的最后一封信，在这封信里，他明确地表示了“我可以爱”：

△ 鲁迅最先入住的中山大学的“大钟楼”

这是你知道的，我这三四年来，怎样地为学生，为青年拚命，并无一点坏心思，只要可给与的便给与。然而男的呢，他们互相嫉妒，争起来了，一方面不满足，就想打杀我，给那方面也无所得。看见我有女生在坐，他们便造流言。这些流言，无论事之有无，他们是在所必造的，除非我和女人不见面。他们貌作新思想，其实都是暴君酷吏，侦探，小人。倘使顾忌他们，他们更要得步进步。我蔑视他们了。我有时自己惭愧，怕不配爱那一个人；但看看他们的言行思想，便觉得我也并不算坏人，我可以爱。

那流言，最初是韦素园通知我的，说是沉钟社中人所说，《狂飙》上有一首诗，太阳是自比，我是夜，月是她。今天打听川岛，才知此种流言早已有之，传播的是品青，伏园，衣萍，小峰，二太太……他们又说我将她带在厦门了，这大约伏园不在内，而送我上车的人们所流布的。黄坚从北京接家眷来此，又将这流言带到厦门，为攻击我起见，广布于人，说我之不肯留，乃为月亮不在之故。在送别会上，陈万里且故意说出，意图中伤。不料完全无效，风潮并不稍减。我则十分坦然，因为此次风潮，根株甚深，并非由我一人而起。况且如果是“夜”，当然要有月亮，倘以此为错，是逆天而行也。

1927年1月18日下午，在厦门大学只待了四个多月的鲁迅到达了广州，当晚就到高第街的许家，和许广平见面了。第二天一早，许广平和孙伏园帮着鲁迅搬到了中山大学最中央最高大的处所，通称“大钟楼”。

鲁迅到中大后，受到广大师生的热烈欢迎。学校欲为他举行欢迎大会，他不同意。后经学生代表的再三邀请，鲁迅出席了1月25日下午以学生会名义召开的欢迎大会。会上，鲁迅发表了20分钟的讲话，声明自己不是什么“战士”、“革命家”，还谈到广东比起旧的社会，没有什么特别的情形，只感觉着广东是旧的。在讲话的结尾，他鼓励有志于文学的青年要不断努力，并愿意帮助他们来研究和创作。

鲁迅到中山大学后，就接连写信邀许寿裳前来。许寿裳到了中大，也住在了“大钟楼”里。这时鲁迅应香港基督青年会之邀，刚从香港讲演回来，许寿裳问起讲演的题目和现场反应情况，鲁迅回答道：“香港这殖民地是极不自由的，我的讲演受到种种阻碍，题目是‘老调子已经唱完’、‘无声的中国’，有人想把我的讲稿登载报上，可是被禁止了。”（按，后经交涉，删改后刊登。）

鲁迅被任命为中山大学文学系主任兼教务主任，因职务关系，白天忙于开会，举行补考，核算分数，辩论问题，忙得连吃饭的工夫都没有了。到了晚上，也不得安静。络绎不绝的来客，十一点多才散去。客散后，鲁迅开始写作，常常通宵达旦，《铸剑》等篇便是在此环境中写成的。而夜间，陪伴他的是十几匹大如猫的老鼠在房间里驰骋。早上，又是三位工友响亮的歌声。鲁迅在《在钟楼上——夜记之二》一文中写道：

在钟楼上的第二月，即戴了“教务主任”的纸冠的时候，是忙碌的时期。学校大事，盖无过于补考与开课也，与别的一切学校同。于是点头开会，排时间表，发通知书，秘藏题目，分配卷子……于是又开会，讨论，计分，发榜。

为了“不至于起居无节，饮食不时”，鲁迅和许寿裳于2月29日从学校的大钟楼搬了出来，连同许广平，租了白云路白云楼26号楼的几间房子同住。许广平在《因校对〈三十年集〉而引起的话旧》一文中回忆说：

白云楼的寓所，是他和许季茀先生合赁，而为了方言关系，用女工便当的缘故，也分一间房子给我住着，做他们的柴米油盐的杂务经理者。

这一天，鲁迅应邀到在岭南大学举行的纪念黄花冈七十二烈士的大会上，做了题为《革命时代的文学》的演讲。4月8日，应邀到黄埔军官学校做了同样题目的演讲。他在演讲中说：

但在这革命地方的文学家，恐怕总喜欢说文学和革命是大有关系的，例如可以用这来宣传，鼓吹，煽动，促进革命和完成革命。不过我想，这样的文章是无力的，因为好的文艺作品，向来多是不受别人命令，不顾利害，自然而然地从心中流露的东西；如果先挂起一个题目，做起文章来，那又何异于八股，在文学中并无价值，更说不到能否感动人了。

……其实"革命"是并不稀奇的，惟其有了它，社会才会改革，人类才会进步，能从原虫到人类，从野蛮到文明，就因为没有一刻不在革命。

也就是这期间，中国的政治形式发生了根本的变化。4月12日，蒋介石以"清党"为名，在上海发动政变，收缴工人纠察队枪支，捕杀共产党人。4月15日，广东的李济深也开始反共，逮捕了中山大学四十多名学生。当天下午，鲁迅出席各科系主任紧急会议，他要求校方营救被捕学生，却没有结果。4月29日，鲁迅将聘书寄还中山大学委员会，辞去一切职务。校方再三挽留，他辞意坚决，6月6日，同意了他的辞职。

而鲁迅的辞职的想法，早在政变前就有了。许寿裳在《亡友鲁迅印象记》中回忆说：

有一天，傅孟真（其时为文学院长）来谈，说及顾某（按：指顾颉刚，在厦门大学曾与鲁迅同事，鲁迅对他很不满。）可来任教，鲁迅听了勃然大怒，说道："他来，我就走。"态度异常坚定。

鲁迅抱着梦想来到广州，现在这里却成了血的游戏场，他很痛惜那些被杀害的青年。在《怎么写》一文中，他提到中山大学的学生会主席、共产党员毕磊时，深情地写道：

毕磊君大约确是共产党，于四月十八日从中山大学被捕。据我推测，他一定早已不在这世上了，这看去很是瘦小精干的湖南的青年。

鲁迅决定要离开了。在没成行的几个月里，开始整理编辑他的作品。4月份，编定《野草》和《朝花夕拾》；5月份整理了《小约翰》的译稿，编定了《唐宋传奇集》；7月份，应广州市教育局的邀请，在其组织的夏季学术演讲会上，发表了《魏晋风度及文章与药及酒之关系》的演讲。

做文章呢，还是教书？对此鲁迅在来广州前，在给许广平的信中，就表达了这种徘徊不决的情绪。因为在鲁迅眼里，这两件事是势不两立的。“做文要热情，教书要冷静，兼做两样时，倘不认真，便两面都油滑浅薄，倘都认真，则一时热血沸腾，一时使心平气和，精神便不胜困惫，结果也还是两面不讨好。”

鲁迅会为自己的未来，选择哪种方式呢？

专事译著

（1927秋—1936.10.19）

景云深处是吾家

★★★★★

（47–50岁）

1927年10月3日，鲁迅乘船抵沪，与许广平在共和旅馆暂住了几天。周建人帮他们在自己的住处附近找到了房子，即东横浜路景云里23号。10月18日,他们搬了过去,在此安家，一住三年。此后，鲁迅虽因时局的紧迫而搬过两次家，却一直在上海居住着，且所选择的住处都在租界附近。因为租界是半殖民地中国的耻辱，所以，鲁迅那时期的四本杂文集，都以“且介亭”命名,正是取“租界”二字的各一半。租界也成了当时反抗者的避难所，这也许是鲁迅最终在上海定居的一个原因。“上海虽烦扰，但也别有生气。”鲁迅曾这样记述。

计划去上海前，鲁迅就有了初步的打算，

他在来沪前致翟永坤的信中说：“我先到上海，无非想寻一点饭，但政、教两界，我不想涉足，因为实在外行，莫名其妙。也许翻译一点点东西卖卖吧。”他到上海不久，给台静农、李霁野的信中也提到：“到此已将十日，不料熟人很多，应酬忙得很。邀我做事的地方也很有，但我想关起门，专事译著。”

关起门，专事译著，鲁迅开始了他人生最后十年的自由撰稿人生涯。同年底，他又收到了刚成立的蔡元培任院长的中华民国大学院（后为教育部）的特约著作员的聘书，此职位只给专心著述而不兼他务者，与从前北京时期的教育部职位不同，不需上班。月薪三百元，直到1931年底该项被裁撤止。从此，鲁迅在经济上很安定了，再没有窘急过。

景云深处的新家，标志着鲁迅和许广平的爱情终于有了圆满的结局，虽然未曾有哪怕简单的婚礼仪式，甚至在上海同居生活很久后，他向朋友介绍她时，还依然说是自己的助手呢。他们的感情是与普通夫妻不同的，许广平自己也说：“我自己之于他，与其说是夫妇的关系，倒不如说不自觉地还时刻保持着一种师生之谊。”而他俩的结合，也最终得到了鲁迅母亲的认可。鲁迅于1929年5、6月间到北平看望母亲时，由于许广平已怀孕，不宜远行同往。当鲁迅的母亲知道自己将添一个孙子的时候，很高兴，也就接受了曾被她认为是“害马”的许广平了。不久，他俩爱情的结晶——儿子出生了，因生于上海，取名“海婴”。鲁迅平常对海婴

△ 1930年1月在上海“海婴生一百日”所摄

的欢喜爱惜，总会不期然似的和朋友谈到他的一切，朋友也都说他过于溺爱孩子。鲁迅就写了《答客诮》一诗，诗云：

无情未必真豪杰，怜子如何不丈夫？

知否兴风狂啸者，回眸时看小於菟。

在景云深处的新家，有两位近邻成为了鲁迅的好朋友。一位是书店的老板内山完造，一位是比鲁迅晚搬来几个月的青年作家柔石。

鲁迅经常到离住处很近的内山书店去买书，渐渐地就和书店老板内山完造成了频繁交往的朋友。鲁迅说，比和上海的有些所谓文人相对还安心，因为确信他做生意，是要赚钱，却不做侦探，不卖人血。内山书店也成了鲁迅收转信件、约会朋友的一处地方，甚至危机时期，是避难所。

柔石的住处离鲁迅不过四五家门面，他那“台州式的硬气”（柔石原名赵平复，浙江台州人）令鲁迅印象深刻。他立志于介绍外国的文学和艺术，也正和鲁迅的志趣相投。1928 年底，鲁迅邀他成立了朝花社。1929 年初，鲁迅辞去《语丝》的编辑后，推荐柔石接替。鲁迅后来在《为了忘却的记念》中评价他说：“无论从旧道德，从新道德，只要是损己利人的，他就挑选上，自己背起来。”1928 年底，柔石将他的同学、共产党人冯雪峰带到鲁迅在景云里的家里。那时，冯雪峰正计划翻译一套《科学的艺术论丛书》，而鲁迅正在翻译《苏俄的文艺政策》，两人从这件事情上开始了合作。后来，两人创办了《萌芽》月刊（1930 年 1 月），“左联”成立后，该刊成为了“左联”的机关刊物之一。

而刚到上海不久的鲁迅，却遇到了两件意想不到的事。

一是和他关系最密切的北京《语丝》周刊，于 10 月 22 日被张作霖把持的北洋政府查禁，负责发行的北新书局，也遭了封禁。北新书局的老板李小峰到上海找到鲁迅，提议《语丝》在上海印行，并请鲁迅担任编辑。鲁迅也不好推脱，于 10 月 17 日，《语丝》周刊从第四卷第一期起，在上海出版。鲁迅也在其上发表了《在钟楼上》一文，描述了他在中山大学的经历。

二是正和他商量合作将《创造周刊》复刊的年轻的创造社成员，突然对他发起了攻击。创造社元老成仿吾到日本，召回了在东京留学的创造社成员冯乃超、李初梨、彭康、朱镜我、李铁声诸人，于1928年1月创办了一份新刊物《文化批判》，大力提倡无产阶级文学。刚从苏联回国的蒋光慈连同钱杏邨、洪灵菲、孟超、杨邨等人又成立了"太阳社"，出版了《太阳月刊》，也积极倡导革命文学。同年3月，华汉、李一氓合编《流沙》，发挥游击配合作用。

在1928年1月出版的《文化批判》的创刊号上，冯乃超发表论文《艺术与社会生活》，评价鲁迅为"是常从幽暗的酒家的楼头，醉眼陶然地眺望窗外的人生"。"结局他反映的只是社会变革期中的落伍者的悲哀，无聊赖地跟他弟弟说几句人道主义的美丽的说话。"在《文化批判》第二号，李初梨发表的《怎样地建设革命文学》一文中，追问"鲁迅究竟是第几阶级的人，他写的又是第几阶级的文学？"

针对这些攻击，鲁迅在3月12日出版的《语丝》第四卷第十一期上发表《"醉眼"中的朦胧》一文，回应说：

然而各种刊物，无论措辞怎样不同，都有一个共通之点，就是：有些朦胧。这朦胧的发祥地，由我看来，——虽然是冯乃超的所谓'醉眼陶然"——也还在那有人爱，也有人憎的官僚和军阀。和他们已有瓜葛，或想有瓜葛的，笔下便往往笑迷迷，向大家表示和气，然而有远见，梦中又害怕铁锤和镰刀，因此也不敢分明恭维现在的主子，于是在这里留着一点朦胧。和他们瓜葛已断，或则并无瓜葛，走向大众去的，本可以毫无顾忌地说话了，但笔下即使雄纠纠，对大家显英雄，会忘却了他们的指挥刀的傻子是究竟不多的，这里也就留着一点朦胧。于是想要朦胧而终于透漏色彩的，想显色彩而终于不免朦胧的，便都在同地同时出现了。

刚成立的太阳社，也和创造社一同攻击鲁迅。钱杏邨在3月出版的《太阳月刊》第三期上，发表的《死去了的阿Q时代》一文，认为鲁迅"他的大部分创作的时代早已过去了，而且遥远了"。

成仿吾（化名石厚生）在5月出版的《创造月刊》发表《毕竟是"醉眼陶然"罢了》一文，把鲁迅比喻为"中国的堂·吉诃德，不仅害了神经错乱与夸大妄想诸症，而且同时还在'醉眼陶然'……"

到了郭沫若（化名杜荃）在8月出版的《创造月刊》发表《文艺战线上的封建余孽》，攻击鲁迅可谓登峰造极了，给他戴上了三顶大帽子：鲁迅是"资本主义以前的一个封建余孽"，是"二重的反革

△ 1930年9月在上海白色恐怖下“左联”秘密为鲁迅作“50岁纪念”所摄

命的人物”，是“一位不得志的 Fascist(法西斯谛)!”从而把围攻鲁迅推向高潮。

据不完全统计，从 1928 年初至 1929 年底，发表有关革命文学论争的文章约有 270 篇，而直接与鲁迅既“论”且“战”者亦过百篇之多。但对于鲁迅来说，“第四阶级文学家对于我，大家拼命攻击，但我一点也不痛，以其打不着致命伤也”。鲁迅也相继写下了一系列反驳文章，后来大都收入《三闲集》(成仿吾曾指责鲁迅“所矜持着的是闲暇，闲暇，第三个闲暇”)中。

发起这场论战的创造社和太阳社成员都是共产主义的信仰者，当时任中共中央宣传部部长的李立三，认为如果能够让鲁迅站到共产党的旗帜下来活动，将会产生很大的影响。于是他决定创造社、太阳社停止对鲁迅的攻击，因此，这场论战到1929年冬就停了下来。

这一时期，以江西瑞金为中心的中国工农红军不断发展壮大，蒋介石在江西的“围剿”行动，也在积极发动中。因此，南京当局对文化界的压力，也正逐渐加强。为争取言论、出版、结社、集会的自由，1930年2月，中国自由运动大同盟成立，鲁迅同意参加并成为发起人之一。

1930年3月2日，中国左翼作家联盟成立大会在上海的中华艺术大学的一个教室里召开，到会的包括鲁迅及创造社和太阳社成员四十余人。鲁迅在会上发表题为《对于左翼作家联盟的意见》的演说，他提醒说：

我以为在现在，“左翼”作家是很容易成为“右翼”作家的。为什么呢？第一，倘若不和实际的社会斗争接触，单关在玻璃窗内做文章，研究问题，那是无论怎样的激烈，“左”，都是容易办到的；然而一碰到实际，便即刻要撞碎了。关在房子里，最容易高谈彻底的主义，然而也最容易“右倾”……第二，倘不明白革命的实际情形，也容易变成“右翼”。革命是痛苦，其中也必然混有污秽和血，决不是如诗人所想象的那般有趣，那般完美；革命尤其是现实的事，需要各种卑贱的，麻烦的工作，决不如诗人所想象的那般浪漫；革命当然有破坏，然而更需要建设，破坏是痛快的，但建设却是麻烦的事。所以对于革命抱着浪漫谛克的幻想的人，一和革命接近，一到革命进行，便容易失望。

最后提出了今后工作应注意的几点：

第一，对于旧社会和旧势力的斗争，必须坚决，持久不断，而且注重实力。

第二，我以为战线应该扩大。

第三，我们应当造出大群的新的战士。

最后，我以为联合战线是以有共同目的为必要条件的。

鲁迅虽然不是“左联”的实际领导者，但却是“左联”内部公认的“盟主”、“旗手”。“左联”刚成立不久，鲁迅就在《萌芽》第三期上，发表了《“硬译”与“与文学的阶级性”》一文，针对梁实秋在《新月》月刊第二卷第六、七合刊上，发表的《论鲁迅先生的“硬译”》和《文学是有阶级性的吗？》两文，展开了应战。以胡适、徐志摩、陈源、梁实秋、罗隆基等为主的新月派成员，多数原是现代评论派的，一直是鲁迅的论战对手。他们也来到了上海，并于1928年3月创办了《新月》周刊。双方就“主义”和“文学的阶级性”问题，展开了的论战。梁实秋认为：“文学就是表现这最基本的人性的艺术。”鲁迅反驳说：“文学不借人，也无以表示‘性’，一用人，而且还在阶级社会里，即断不能免掉所属的阶级性，无需加一‘束缚’，实乃出于必然。”

自由大同盟在3月间组织了几次演讲会后，受到了严重的压迫，不再有什么活动了。鲁迅也因此遭到国民党浙江省党部以“堕落文人”的名义被呈请通缉。鲁迅避居到北四川路内山书店的假三层楼上，并决定迁居。5月12日，鲁迅一家迁至由内山书店老板内山完造出面租的拉摩斯公寓。

鲁迅在《萌芽》第五期上还发表了《“好政府主义”》和《“丧家的”“资本家的乏走狗”》两篇，都是针对梁实秋的批判。而《萌芽》出到第五期后，就被查禁了。

忍看朋辈成新鬼

☆☆☆☆☆

（51–52 岁）

1931 年 1 月 17 日，柔石、李伟森、胡也频、殷夫、冯铿五位左翼青年作家在沪被捕。柔石被捕的前两天，他来到鲁迅家中，因明日书店要出一种期刊，请他去做编辑，他答应了。书店还想印鲁迅的译著，托他来问版税的办法，鲁迅便将自己和北新书局所订的合同，抄了一份交给他，他向衣袋里一塞，匆匆地走了。不料这一去，竟是永诀。为了防止意外，鲁迅一家于 1 月 20 日从北四川路 194 号拉摩斯公寓寓所“弃家出走”，避居于黄陆路花园庄旅馆，到 2 月 28 日回寓。此期间，外界纷纷传出鲁迅也遭被捕甚至遇害的传言。鲁迅在 2 月 2 日致韦素园的信中说：

△ 1931年4月在合作编完《前哨》后，鲁迅和冯雪峰两家的合影。

上月十七日，上海确曾拘捕数十人，但我并不详知，此地的大报，也至今未曾登载。后看见小报，才知道有我被拘在内，这时已在数日之后了。然而通信社却已通电全国，使我也成了被拘的人。

柔石在囚系中，鲁迅见过两次他写给同乡的信，其中一封鲁迅在后来写的《为了忘却的记念》中，记录如下：

我与三十五位同犯（七个女的）于昨日到龙华。并于昨夜上了镣，开政治犯从未上镣之纪录。此案累及太大，我一时恐难出狱，书店事望兄为我代办之。现亦好，且跟殷夫兄学德文，此事可告周先生；望周先生勿念，我等未受刑。捕房和公安局，几次问周先生地址，但我那里知道。诸望勿念。祝好！

赵少雄

一月二十四日

2月7日深夜，柔石等二十三名政治犯，在上海龙华警备司令部被秘密处死。这场大屠杀，由于国民党严密封锁消息，报刊上并没有报道。鲁迅、冯雪峰等还在想方设法寻求营救。到4月13日，冯雪峰用读者来信的形式，在《文艺新闻》周刊上刊出了《呜呼，死者已矣》一文，才首次披露了“左联”五作家已遇难的消息。

在避难期间，在一个深夜里，鲁迅站在客栈的院子中，周围是堆着的破烂的什物。人们都睡觉了，连他的女人和孩子。鲁迅沉重地感到自己失掉了很好的朋友，中国失掉了很好的青年。他在悲愤中写下了这样的诗句：

惯于长夜过春时，挈妇将雏鬓有丝。

梦里依稀慈母泪，城头变幻大王旗。
忍看朋辈成新鬼，怒向刀丛觅小诗。
吟罢低眉无写处，月光如水照缁衣。

4月25日，鲁迅命名并亲笔题写刊名的“纪念战死者专号”《前哨》创刊。冯雪峰等人冒着随时被捕的危险，连夜在印刷所排印。在这期创刊号上，五位烈士每人一篇小传，鲁迅写了《柔石小传》。他还以极大的悲愤写了篇《中国无产阶级革命文学和前驱的血》，作为纪念的悼文。文章的开头指出：

中国的无产阶级革命文学在今天和明天之交发生，在诬蔑和压迫之中滋长，终于在最黑暗里，用我们的同志的鲜血写了第一篇文章。

随后，鲁迅对国民党的“文化围剿”和白色恐怖给予了揭露和谴责：

统治者也知道走狗的文人不能抵挡无产阶级革命文学，于是一面禁止书报，封闭书店，颁布恶出版法，通缉著作家，一面用最末的手段，将左翼作家逮捕，拘禁，秘密处以死刑，至今并未宣布。这一面固然在证明他们是在灭亡中的黑暗的动物，一面也在证实中国无产阶级革命文学阵营的力量，因

△ 1933年初在上海内山完造寓所前与内山完造合影

为如传略所罗列，我们的几个遇害的同志的年龄，勇气，尤其是平日的作品的成绩，已足使全队走狗不敢狂吠。

此后，鲁迅还写了《黑暗中国的文艺界的现状》，并要求史沫特莱译成英文在国外发表。史沫特莱提醒说：这篇文章如果发表出来，他可能会被杀害。鲁迅坚决地说："这几句话，是必须说的。中国总得有人出来说话！"在由《前哨》改版的《文学导报》第一卷第二期上，鲁迅又翻译了德国革命作家路特威锡·棱的文章《对于中国白色恐怖及帝国主义干涉的抗议》和奥地利革命作家翰斯·迈伊尔的诗《中国起了火》。

1931年9月18日，日本军队在沈阳突然袭击中国军队，东北三省沦陷。九·一八事变后，全国群情激愤，反对当局的不抵抗政策。11月、12月间，不断有各地学生前往南京请愿。12月17日，在南京珍珠桥中央日报社附近，发生了镇压学生的惨案，死伤三四十人。国民政府却在12月18日通电各地军政当局文里，反污学生"捣毁机关，阻断交通，殴伤中委，拦劫汽车……"等罪名，竟然称"友邦人士，惊诧莫名，长此以往，国将不国"了！鲁迅看到通电后，怒不可遏，于20日就写好了《"友邦惊诧"论》这篇时评，于25日发表在他和冯雪峰刚创刊的小报《十字街头》的第二期上。鲁迅在文中义正词严地指斥道：

好个"友邦人士"！日本帝国主义的兵队强占了辽吉，炮轰机关，他们不惊诧；阻断铁路，追炸客车，捕禁官吏，枪毙人民，他们不惊诧。中国国民党治下的连年内战，空前水灾，卖儿救穷，砍头示众，秘密杀戮，电刑逼供，他们也不惊诧。在学生的请愿中有一点纷扰，他们就惊诧了！

好个国民党政府的“友邦人士”！是些什么东西！即使所举的罪状是真的罢，但这些事情，是无论那一个“友邦”也都有的，他们的维持他们的“秩序”的监狱,就撕掉了他们的“文明”的面具。摆什么“惊诧”的臭脸孔呢？

可是“友邦人士”一惊诧，我们的国府就怕了，“长此以往，国将不国”了，好像失了东三省，党国倒愈像一个国，失了东三省谁也不响,党国倒愈像一个国,失了东三省只有几个学生上几篇“呈文”,党国倒愈像一个国,可以博得“友邦人士”的夸奖,永远“国”下去一样。

几句电文,说得明白极了:怎样的党国,怎样的“友邦”。“友邦”要我们人民身受宰割，寂然无声，略有“越轨”，便加屠戮；党国是要我们遵从这“友邦人士”的希望，否则，他就要“通电各地军政当局”，“即予紧急处置，不得于事后借口无法劝阻，敷衍塞责”了！

1932年1月28日晚，日军突犯闸北，驻防上海的第十九路军奋起还击，淞沪抗战爆发。鲁迅住的北四川路的拉摩斯公寓临近战区，终日枪炮声不断。30日，迁避内山书店，2月6日，得内山完造设法，携妇孺迁避英租界内山书店支店。

这是鲁迅在上海的第三次离家避难，直到3月19日才搬回家中。此后，他开始整理来上海后所写的杂感。将1928年至1929年的杂感编入《三闲集》；将1930年至1931年的杂感编入

《二心集》。并于9、10月间先后出版。同年10月，他将自己和许广平来往的书信编辑整理，题名《两地书》。

1933年1月，鲁迅参加了由蔡元培、宋庆龄、杨杏佛等发起的“中国民权保障同盟”，被推举为执行委员。

鲁迅在拉摩斯公寓住了将近三年，有两位中共的高层客人到过这里。一位是瞿秋白，两次在此避难，两人志趣相投，成为了知己。另一位是名声显赫的红军将领陈赓，由鄂豫皖根据地来上海治病，特地前来拜访鲁迅。1933年4月11日，还是出于安全的考虑，鲁迅再一次搬家，以内山书店职员的名义迁入大陆新村9号。大陆新村由大陆银行为职工建造，为红砖红瓦砖木结构的三层新式里弄房屋。内有煤气灶、浴缸，卫生设施齐备。当时此地处于租界与华界相交的“越界筑路”地带，具有半租界性质，鲁迅就以“租界”两字的一半命名自己的书斋为“且介亭”。这也是鲁迅人生中最后的一处寓所。

又为斯民哭健儿

☆☆☆☆☆

（53–55 岁）

从 1933 年开始，中国报刊大量介绍德国、希特勒、国家社会主义、法西斯主义。除了中国人撰写的文章之外，还翻译了不少有关的德文原著和英文著作。被称为“法西斯主义圣经”的《德国国社党党纲》及希特勒的《我的奋斗》，都是在这时候被译成中文广泛传播的。希特勒自 1 月 30 日当上德国总理后，开始大肆摧残工会组织，迫害犹太人和知识分子，还制造国会纵火案嫁祸攻击共产党。5 月 10 日，柏林等大城市举行了盛大的焚书仪式，致使德国境内允许阅读的书几乎只有一本《我的奋斗》了。

对于德国的这种暴行，鲁迅先后写了《华德保粹优劣论》、《华德焚书异同论》等文章予

▷ 1933年2月在上海与杨杏佛合影

以谴责。5月13日，中国民权保障同盟执行委员蔡元培、宋庆龄、杨杏佛、鲁迅、林语堂、史沫特莱和伊罗生，到上海德国领事馆递交了抗议书，抗议纳粹践踏人权、摧残文化的暴行。

6月14日，中国民权保障同盟的总干事杨杏佛遭到暗杀，时盛传鲁迅亦将不免之说。6月20日，杨杏佛在万国殡仪馆殓葬，是日大雨，鲁迅毅然前往，回来后，成诗一首：

岂有豪情似旧时，花开花落两由之。

何期泪洒江南雨，又为斯民哭健儿。

此时，国民党当局更加强了对报刊和出版的控制。从法国留学归来的黎烈文接任了《申报》副刊《自由谈》的编者，他向包括鲁迅在内的许多左翼作家约稿，使《自由谈》从一个鸳鸯蝴蝶派的刊物，变成了颇具影响力的刊物。从1933年的1月到5月间，鲁迅在《自由谈》上发表了许多泼辣锋利的文章。编者黎烈文却受到了很大的压力，在5月25日的《自由谈》版面上，不得不刊登一条启事："吁请海内文豪，从兹多谈风月，少发牢骚，庶作者编者，两蒙其休。"迫于压力，黎烈文手里的四篇鲁迅的文章，也不敢发表出来了。鲁迅后来将在《自由谈》上发表和未能发表的文章，全部收在杂文集《伪自由谈》中。其书名的含义很清楚，所谓的"自由"是没有的。

刊登了启事后，黎烈文又怕失去重要的作者，又分别写信，请求寄一些不使他太为难的稿子来。鲁迅陆续寄去了六十多篇文章，署名用了二十多个，后来这些文章都收在《准风月谈》中。鲁迅在该书的"前记"中说："有趣的是谈风云的人，风月也谈得，谈风月就谈风月罢，虽然仍旧不能正如尊意。"

到了1933年的秋冬，国民党当局对左翼文化界的压迫进一步升级。许多报馆和书店被砸、被恐吓。鲁迅的投稿也被封锁，《伪自由书》被暗扣，《准风月谈》当时也没有书店敢印。鲁迅的左联好友冯雪峰，遭到特务的跟踪，幸而逃脱，于12月中旬悄悄离开上海，潜赴苏区。瞿秋白也于1934年1月上旬动身，前往瑞金。

1934年6月9日，国民党中央宣传委员会发布了“图书杂志审查办法”，在上海设立了“中央图书审查委员会”。鲁迅的文章更难发表出来了，即使发表了，也被删减得不成样子了。鲁迅在《中国文坛上的鬼魅》（后收入《且介亭杂文》）中写道：

▷ 1936年3月鲁迅大病初愈后在上海大陆新邨寓所门前摄

今年七月，在上海就设立了书籍杂志检查处，许多“文学家”的失业问题消失了，还有些改悔的革命作家们，反对文学和政治相关的“第三种人”们，也都坐上了检查官的椅子。他们是很熟悉文坛情形的；头脑没有纯粹官僚的胡涂，一点讽刺，一句反语，他们都比较的懂得所含的意义，而且用文学的笔来涂抹，无论如何总没有创作的烦难，于是那成绩，听说是非常之好了。

就在这连发表作品的权利也遭到剥夺的境地里，鲁迅的文章不但不见减少，反而数倍于前。而且，文章也更锋利、更老练，更见那种“带着枷锁的跳舞”的独异风格。为了使自己的文章能够发表，鲁迅不得不频繁更换笔名，有的笔名甚至只用过一次就放弃了。在鲁迅的一生中，共使用笔名140多个，在他的最后四年中，就用了80多个。官方检查机关的注意力大多集中在“写什么”上面，鲁迅则避其锋芒，更多在“怎么写”方面用力，迂回逼近目标。这时的文章明显地更趋曲折隐晦，至于旨意，他却决不肯自行加以掩盖的。在杂文创作方面，先后出版了《伪自由书》《准风月谈》《三闲集》《花边文学》《且介亭杂文》等，翻译了果戈理的小说《死魂灵》，创作了历史小说《非攻》《理水》《采薇》《出关》《起死》（后收入《故事新编》），还支持萧军等以“奴隶社”的名义出版“奴隶丛书”。

1935年6月18日，瞿秋白在福建英勇就义。消息传来，鲁迅悲愤万分。为了纪念这位知己好友，他开始编校瞿秋白的著作和译文，并题名《海上述林》，分上下两卷出版。这是一项很艰巨的工作，在鲁迅生命的最后一年里，以病魔缠身的躯体，将很大的精力都用在这部书上了。

1935 年 8 月 1 日，中国共产党驻共产国际代表王明，以中共中央和中华苏维埃共和国中央政府的名义，发表《为抗日救国告全体同胞书》(即《八一宣言》)，提出无论各党派间在过去和现在有任何政见和利害的不同，都应当停止内争，一致对外。在这个新的政策精神之下，11 月 8 日，“左联”常驻苏联的代表萧三写信给鲁迅，提出了解散“左联”的问题。

鲁迅在 1936 年 1 月 19 日，收到了萧三的这封信。这时的鲁迅一直被病魔纠缠着，肩与胸一直在剧痛。鲁迅并不赞同解散“左联”，认为即使解散，也要发表一个宣言，申明解散的原因，否则就成了溃散了。当时“左联”的负责人周扬在解散“左联”后，准备筹备组织文艺家协会，并提出了“国防文学”的口号，鲁迅并不赞成这个口号。4 月 25 日，参加长征到达陕北的冯雪峰，又被派到了上海工作。他提出了“民族革命战争的大众文学”这个口号，得到鲁迅的赞成。这个口号也由胡风在他写的《人民大众向文学要求什么?》一文中首先提出来，从此引发了当时两个口号的争论。

鲁迅的病一向是由日本医生须藤来诊治的，而须藤医生最初认为是胃病，治来治去，始终发热不退。亲友们很担忧，要换医生，但鲁迅不同意。直拖到5月31日，冯雪峰见情形严重，就托史沫莱特请了美国的邓恩医生（美籍德国人）。邓恩医生认为病已很严重，须赶紧把肋膜的积水抽去。而须藤医生却认为并无积水，过了一个月，又说确有积水，才开始抽积水。6月5日后，鲁迅精神日渐委顿，发热，连坐起来都困难了，日记也无法按日记了，直到6月30日才略有恢复。

8月2日，正被病魔纠缠的鲁迅，收到了原“左联”的书记徐懋庸的来信，他在信中指责鲁迅“最近半年来的言行，是无意地助长着恶劣的倾向的”，“对于现在的基本政策没有了解”。鲁迅十分愤怒，在冯雪峰代拟的初稿上，花了四天时间进行修改和增补，写成了《答徐懋庸并关于抗日统一战线问题》这篇上万言的公开信。在公开信中，他首先表达对于抗日统一战线的政策，他是拥护的，表示“赞成一切文学家，任何派别的文学家在抗日的口号之下统一起来的主张”。同时，也对所谓的革命作家予以了批驳：

在左联结成的前后，有些所谓革命作家，其实是破落户的漂零子弟。他也有不平，有反抗，有战斗，而往往不过是将败落家族的妇姑勃谿，叔嫂斗法的手段，移到文坛上。嘁嘁嚓嚓，招是生非，搬弄口舌，决不在大处着眼。

青年时期就立下文艺救国之志的鲁迅，在大病期间，终于看到了他所编印的《凯绥·珂勒惠支版画选集》的出版。他喜欢那木刻的线条，刚直有力。面对病魔和死神的威胁，鲁迅的回答是：“要赶紧做。”

 《死》

☆☆☆☆☆

（56 岁）

1936 年 9 月 5 日，大病略有好转、已经十分消瘦的鲁迅，写了一篇以《死》为题的杂感。再过一个半月，他真的死去了。而鲁迅当时写这篇文章，却从来没有直接的想到“死”，而是由凯绥·珂勒惠支版画题而引申出来的感想。鲁迅在这篇文章中，提到了给他看病的邓恩医生对他的病情的宣告：

大约实在是日子太久，病象太险了的缘故

罢，几个朋友暗自协商定局，请了美国的D医师来诊察了。他是在上海的唯一的欧洲的肺病专家，经过打诊，听诊之后，虽然誉我为最能抵抗疾病的典型的中国人，然而也宣告了我的就要灭亡；并且说，倘是欧洲人，则在五年前已经死掉。这判决使善感的朋友们下泪。我也没有请他开方，因为我想，他的医学从欧洲学来，一定没有学过给死了五年的病人开方的法子。然而D医师的诊断却实在是极准确的，后来我照了一张用X光透视的胸像，所见的景象，竟大抵和他的诊断相同。

△ 鲁迅逝世后，上海各界人士自发为先生护灵。

鲁迅并不怎么介意医生的宣告，他在这篇文章中所立的遗嘱，却充满着讽刺的味道：

我只想到过写遗嘱，以为我倘曾贵为宫保，富有千万，儿子和女婿及其他一定早已逼我写好遗嘱了，现在却谁也不提起。但是，我也留下一张罢。当时好像很想定了一些，都是写给亲属的，其中有的是：

一、不得因为丧事，收受任何人的一文钱。——但老朋友的，不在此例。

二、赶快收敛，埋掉，拉倒。

三、不要做任何关于纪念的事情。

四、忘记我，管自己生活。——倘不，那就真是胡涂虫。

五、孩子长大，倘无才能，可寻点小事情过活，万不可去做空头文学家或美术家。

六、别人应许给你的事物，不可当真。

七、损着别人的牙眼，却反对报复，主张宽容的人，万勿和他接近。

此外自然还有，现在忘记了。只还记得在发热时，又曾想到欧洲人临死时，往往有一种仪式，是请别人宽恕，自己也宽恕了别人。我的怨敌可谓多矣，倘有新式的人问起我来，怎么回答呢？我想了一想，决定的是：让他们怨恨去，我也一个都不宽恕。

但这仪式并未举行，遗嘱也没有写，不过默默的躺着，有时还发生更切迫的思想：原来这样就算是在死下去，倒也并不苦痛；但是，临终的一刹那，也许并不这样的罢；然而，一世只有一次，无论怎样，总是受得了的……。后来，却有了转机，好起来了。到现在，我想，这些大约并不是真的要死之前的情形，真的要死，是连这些想头也未必有的，但究竟如何，我也不知道。

那段时间鲁迅的病情起伏不定，许广平在《最后的一天》一文中回忆说：

今年的一整个夏天，正是鲁迅先生被病缠绕得透不过来气的时光，许多爱护他的人，都为了这个消息着急。然而病状有些好起来了。在那个时候，他说出一个梦："他走出去，他见两旁埋伏着两个人，打算给他攻击，他想：你们要当着我生病的时候攻击我？不要紧，我身边还有匕首呢，投出去掷在敌人身上。"他梦后不久，病更减轻了。一切坏的征候逐渐消灭了。他可以稍稍散步些时，可以有力气拔出身边的匕首投向敌人，还可以看看电影，生活生活。我们战胜"死神"，在讴歌、在欢愉。他仍然可以工作，和病前一样。

10月17日上午，鲁迅在续写《因章太炎先生而想起的二三事》一文的中段。下午，胡风陪鲁迅到当时在上海日本作家鹿地亘那儿坐了一会儿，出来后又去了趟内山书店。晚上，周建人来了，鲁迅又同他谈起找房子搬家的事，一切似乎都很正常。可是，到了18日凌晨，鲁迅的气喘病突然发作，已不能安眠，终夜屈着身子，双手抱腿而坐。七点左右，鲁迅在费尽周折后写下了那张绝世遗墨的便条，由许广平带去内山书店，并在那里打电话，请来了须藤医生。打针吃药，紧急抢救。鲁迅靠坐在椅子上，整整喘了一天，话也不能说，流汗。医生和看护的人们用了各种办法，都不能缓解病情。这一天晚上，许广平每次给他揩手汗，他都紧握她的手，仿佛是要握住自己的生命。“十九日早晨五时，看见他头已稍朝内，呼吸轻微了。”许广平“千呼百唤也不见他应上一声。天是那么黑暗，黎明之前的乌黑呀，把他卷走了”。

晨5时25分，鲁迅与世长辞了。

鲁迅先生逝世后，由蔡元培、宋庆龄、许寿裳、内山完造、史沫莱特、沈钧儒等人组成了治丧委员会，办理一切。当日发出讣告，即日停灵上海万国殡仪馆。

20日、21日，前来瞻仰遗容的人，从早到晚络绎不绝，不但有上海各界人士，还有外省的团体代表。22日下午出殡，下葬虹桥万国公墓，前来送葬的群众达六七千人。最后，大家向灵柩行最后敬礼。灵柩上覆盖着白缎黑绒的大旗，上缀“民族魂”。

夜幕已降临，《安息歌》在墓地里起伏。

愿你安息……安息在土地里！

后 记

重读鲁迅

必须承认，笔者并不是鲁迅的研究者，却曾经是鲁迅的崇拜者。那时我还是名中学生，崇拜的原因也很简单，就是他的文章很难读懂。因为，当时的课本，口号式的语言太多了，也看得麻木了，忽然有了能令人回味无穷的文章,便引发了深入探究的兴趣。自己找来《呐喊》《彷徨》《野草》《朝花夕拾》,貌似津津有味地读着。当然,以那时的阅历和知识,的确是读不懂，即使当下，也未真懂。

记得刚上大学时，学校图书馆前有一尊鲁迅像，我很虔诚地向先生敬了一支烟。毕业十年后，再回母校，鲁迅先生的像已不知去向了。俄式建筑的图书馆虽然还在，但内容却不知道是什么了。因为新式现代图书馆，就坐落其旁。如今网络上盛传，中学课本不再收鲁迅的文章了。是否真实，我没有到权威部门认证，因为我毕竟不是中学生了，不关己事的感觉。大家的观点也各不同，赞成者认为应该给中学生减负，反对者认为鲁迅精神不能丢。我却多少有点酸溜溜的感觉，自己当年因为多读了些鲁迅先生的文章，对作文一向不知道写什么的我，恍惚间似乎明白了点。

如今重新读先生的文章，确有一种震撼的感觉。震撼的是，鲁迅先生真清醒。他不仅对自己很清醒，对他所处的时代清醒，也对他所处的时代之前的被称为几千年的、所谓博大精深的历史清醒。因为清醒，他从不盲从。因为清醒，他才以笔为投枪，笔做的投枪当然不能真的伤人，却多少能刺痛昏睡者，使之觉醒。

也正因为清醒，他才绝望。也正因为他对当下的绝望，才更寄希望于未来。“救救孩子”的呐喊，也正是鲁迅先生的希望所在。

“绝望之与虚妄，正与希望相同！”这句话，如今重新读来，不知为什么，令我突然想到了顾城的诗：黑夜给了我黑色的眼睛，我却用它寻找光明。

鲁迅的一生，洋洋洒洒，写下了二百万余言的著作。这些嬉笑怒骂皆成的文章，充满的是批判精神。我个人认为，这就是鲁迅文章的精神实质所在。批判的目的是为了寻求更好，是为了进步。真正具有批判精神的人，是连自己都不放过的。“我的确时时解剖别人，然而更多的是更无情面地解剖我自己。”鲁迅如是说。他在给许广平的信中说道：“我的思想太黑暗……所以只能在自身试验，不敢邀请别人。”敢于向恋人承认自身内心黑暗的人，其胸襟是何等的广大。更何况，鲁迅将自己情书都公开出版了。

真正的批判精神也是建立在对事物的全面、深刻洞悉的基础上的。鲁迅和他那个时代的人，为了拯救危难中的中华民族，在中国历史上，第一次向被两千年来推为至圣的孔子，发出了挑战。而挑战的基础，就是他们都有着深厚的国学根底。鲁迅早期的文章，也都是用文言文写成的。当然，他们真正要推翻的，并不是孔子本人，而是已经桎梏中国发展的专制礼教。

我们这个时代，具有反叛精神的人很多，这当然也可算是很大的进步。曾经高高在上的权威，都被拉下了神坛，甚至也包括鲁迅。然而反叛精神和批判精神是截然不同的。其一，反叛者绝无自我批判的胸怀；其二，反叛者常常盲从，因有盲目崇拜的偶像而往往使自己成为激动无比的粉丝。希特勒就是利用了当时年轻人这种狂热的偶像崇拜心理，给人类造成了巨大的灾难。

鲁迅先生离开我们已经七十多年了，还有像孔夫子离开我们已经二千又六百多年了。无论他们是否合时宜，我们批他们也好，捧他们也好，毕竟他们在我们心中。笔者记此后记，并不是意图鼓动读或重读鲁迅，仅是立本小传时的一滴感想。

干旱之季，无力化雨，但求引云吧。